U0579139

集人文社科之思 刊专业学术之声

集 刊 名：都市社会工作研究
主办单位：上海大学社会学院社会工作系
主　　编：张文宏
执行主编：范明林　杨　锃

Vol.7 RESEARCH ON URBAN SOCIAL WORK

编辑委员会

李友梅　张文宏　关信平　顾东辉　何雪松　文　军　熊跃根
程福财　黄晨熹　朱眉华　刘玉照　赵　芳　张宇莲　范明林
杨　锃　彭善民　华红琴　程明明

本辑编辑组

范明林　杨　锃　华红琴　陈　佳　高树玲

第7辑

集刊序列号：PIJ-2016-184
中国集刊网：www.jikan.com.cn
集刊投约稿平台：www.iedol.cn

RESEARCH ON URBAN SOCIAL WORK

Vol.7

张文宏 / 主编

范明林　杨　锃 / 执行主编

都市社会工作研究

上海大学社会学院社会工作系主办

第7辑

社会科学文献出版社
SOCIAL SCIENCES ACADEMIC PRESS (CHINA)

都市社会工作研究　第7辑

2020 年 3 月出版

目　录

都市社会工作研究 第 7 辑
第 1～16 页
© SSAP, 2020

从心理赋权到社区赋权：青年农民工压力干预的路径研究*

李晓凤 潘昱君**

摘 要 巨大的生存压力影响青年农民工个人的心理健康和社会的和谐，如何为青年农民工减压成为学界关注的热点话题。目前，有关农民工压力应对策略，较多的是个人自发性策略与心理学问题视角的个人减压策略，未能协助农民工彻底减压。为此，本文通过文献回顾总结当前青年农民工面对压力时的个人减压策略与压力干预现状，对深圳市 821 位工人进行先导性调研并进行实验研究，基于赋权理论视角，探索"人在情境中"的心理赋权与社区赋权的路径，从制度和结构的根源上进行彻底减压。

关键词 青年农民工 生存压力 赋权 减压策略

一 引言

随着珠江三角洲外向型工业的高速发展，这一地区聚集了中国乃至世

---

* 基金课题：国家社会科学基金项目"社区生活空间视域下企业新生代农民工生存压力及社会工作干预研究"（17BSHO11），项目主持人为深圳大学心理与社会学院社会学系李晓凤教授。

** 李晓凤（1964～），深圳大学心理与社会学院社会学系教授，博士，硕士生导师，主要研究方向为社会工作理论实务、女性社会学及咨询心理学；潘昱君，深圳大学心理与社会学院，社会工作硕士研究生。

界上最大数量的青年农民工。① 受城乡二元体制影响，城市的全方位排斥和繁重的工作导致这一人群面临巨大的生存压力。压力不仅危害个人心理健康，还会影响到社会和谐，富士康员工跳楼事件把企业员工减压的重要性暴露出来，如何为青年农民工减压成为学界关注的热点问题。面对压力，青年农民工形成了自发的减压策略，如情绪宣泄、休闲娱乐、心理调节等方式，在一定程度上缓解了压力，但不能从根源上减少，社会学界也从多方面对青年农民工的减压策略进行了探索，但是大多是基于病态视角下的社会控制取向，没有关注到青年农民工个人的权能和环境的压迫。本文基于"人在情境中"视角，认为压力的产生主要是因为个人和环境层面的"缺权状态"。本文在回顾以往研究、梳理理论的基础上，结合先导性实地调研结果，思考如何对个人心理及所处社区进行赋权，以此改变个体所处的不利地位，消除青年农民工及社区的"缺权状态"并使其恢复社会功能，掌控自我生活和命运，实现社会公义（吴晓林、张慧敏，2016）。如此，"赋权"的方法应运而生。

二　文献回顾

在中国知网检索有关农民工压力状况与减压策略的相关文献，共有 200 余条相关记录，与青年农民工相关的研究是从 2010 年开始的，故本研究选取近十年内的相关文献进行分析。

在已有的青年农民工压力的相关研究中，约有 19 篇涉及新生代农民工工作、生活等方面，主要包括新生代农民工身处都市的压力源、压力应对方式及调节因素、压力的影响及后果、压力管理及对策机制构建等部分，从而对于青年农民工压力的总体情况有了全面性的了解。

在已有的青年农民工压力干预的相关研究中，约有 10 篇文献涉及青年农民工自发减压策略、EAP 模式、工会维权模式、企业社工服务模式及社会工作干预建议，多数是从心理学的病态化视角或社会学宏观角度进行探讨，未能形成系统的干预路径。基于此，本研究尝试从赋权社会工作的角度出发，建立心理学与社会学的对话，探索青年农民工减压的赋权路径。

---

① 李晓凤将青年农民工界定为 1980 年以后出生、具有农业户口、在城镇企业中从事非农工作的青年员工。

（一）青年农民工自发性减压研究

作为一种社会事实，青年农民工面临着各方面的压力，如生活压力、工作压力、人际压力、政策压力等。对他们而言，没有标签和排斥、平等享受城市资源和政策、实现"市民化"是永恒的愿景。然而，青年农民工想实现这种"目标"的方式是有限的，这便造成文化目标与获得方式之间的紧张。这种背景下，青年农民工主要有以下减压策略。

1. 外在的策略性压力对抗

策略性压力对抗指的是青年农民工在感受压力的情况下，在工作中与下班后有策略地主动排解压力和转移注意力，以缓解压力带来的不良情绪。

在工作中，青年农民工发明了一系列避免激烈冲突和直接挑衅的方法，从中逐渐释放压力，获得心理上的满足感。第一，通过聊天与八卦（张昌英，2013）降低工作的枯燥程度。第二，通过传播流言、给管理者起外号（张昌英，2013），让管理者处于一种象征性的劣势。第三，通过提升专业技能（韩宏莉、姜国俊、刘文焕，2011），满足中国经济增长方式对中高级技术工人的强烈需求，提高自己的竞争力。

在下班后，青年农民工通过各种各样的途径来宣泄或逃避这种压力。第一，通过倾诉宣泄情绪情感，倾倒心理垃圾（韩宏莉、姜国俊、刘文焕，2011）。本研究调研数据显示，有17.9%和17.5%的被调查者在遇到压力时最优先选择"向家人倾诉"和"向朋友倾诉"，但在"熟人社会"下青年农民工的倾诉对象多为初级群体，仅有1.9%的青年农民工会最优先向社会工作者及心理咨询师倾诉。第二，通过艺术的表达与升华表达自我，寻求关注。参与观察发现，青年农民工普遍通过涂鸦、编写打油诗等方式对压力的来源进行虚拟的控诉，释放自己内心的焦虑。这种自嘲、反讽与调侃式的"丧文化"为年轻打工群体所喜爱，并在一定程度上降低了压力的影响。刘雅静（2018）认为，生活中的"小确丧"让青年农民工丧失了批判与行动力，进而成为失去"英雄主义"的退缩型主体。第三，通过休闲运动让自己暂时逃离压力的影响，最优先选择"购物、运动、看电视"等方式的被调查者累计占18.6%，一定程度上反映了青年农民工进城务工兼具经济型和生活型的特点。另外，少数人也会选择非理性的娱乐方式，如喝酒（12.6%）、玩网络游戏（7.1%）及抽烟（5.3%）。

此外，生存压力也能透过无意识层面表现出来。例如，7%的调查对象会用"睡觉"方式来缓解压力。潘毅（1999）认为，个体的痛苦不是一种错误，而是抗争的表达，这样一种次文体浪迹在人类经验的极限。女工的"梦叫"虽是个体经验，却也代表了处于痛苦中的青年农民工的抗争。

2. 内在的自我心理调适

自我心理调适指的是青年农民工在面对压力时，通过个人的内在情绪调节缓解压力。

第一，客观评价自我。青年农民工常面临自身素质不足以支撑其理想的情况，落差感让自我迷失。只有在认清自我基础上，树立合理的目标并为之努力奋斗，扬长避短，发挥潜力，才能正视和化解压力。第二，积极的认知习惯。结合国际上对于边缘性人群的相关实证研究，中国台湾学者郭孟瑜、林宏炽（2009）概括出积极的认知在促进抗逆力发生时具体包含的几个方面：多元化的思考方式、正向思考、认真活在当下、自信与自我效能感等。第三，自助式归因。海德认为我们具有归因的基本需求，并需要借此来赋予世界以意义，使之变得清楚、可界定和可预测，从而减少不确定性。面对同样的问题，发生在他人身上就进行内归因，发生在自己身上就进行外归因，这种归因方式也会给农民工减轻心理负担。

（二）工会及企业对青年农民工的压力干预研究

1. 工会对青年农民工的压力干预

工会是中国共产党领导的职工自愿结合的工人阶级群众组织，是党联系职工群众的桥梁和纽带，是国家政权的重要社会支柱，是会员和职工利益的代表。张宏宇等（2014）认为，工会可以通过帮助农民工维权、积极参与企业运营、提供社会支持（如财力或精神娱乐方面的工具性支持，针对压力性事件的信息支持和信任支持等）直接或间接地缓解工人压力、减轻疲惫感。张丽（2014）认为，服务型工会更能减轻青年农民工的生存压力。上海市探索了农民工会员的保障模式，以全市范围内新增长的农民工为重点服务对象，设置专项经费，专款专用，为农民工提供相应的服务。目前，我国许多城市为适应工会组织形式多样化、职工就业方式多样化、职工需求多样化的要求，在坚持以单个基层工会建家为主体的同时，也在突破传统建家模式，建设区域性联合职工之家。

2. 企业社会责任模式对青年农民工的压力干预

现代意义上的"企业社会责任"概念起源于欧洲，在市场经济体制下，企业的责任除了为股东追求利润，也应该考虑影响或受影响的企业行为的相关利益人的利益。企业的社会责任包括在某一特定时间条件下社会所赋予企业的经济的、法律的、道德的以及人道主义的期望。针对工作压力，企业有责任美化工作环境与改善工作条件（王海涛，2012）、合理化分工（刘华国，2007）、提供相关培训；针对人际压力，企业有责任建立传帮带机制（王海涛，2012）及建立畅通的沟通机制（杨六琴，2004）。

（三）赋权社会工作与对青年农民工的研究

"赋权"的概念最早出现在所罗门的著作《黑人赋权：社会工作与被压迫的社区》，所罗门认为赋权是社会工作者与当事人一起参与的一种活动，旨在减少"标签化"带给弱势群体的无权感。自此，赋权逐渐成为社会工作的主流概念。孙奎立（2015）指出，随情景与时间变化，不同目标人群赋权的路径是不同的。相较于其他领域，对于农民工社会工作的探索比较困难，因为其不仅受到国家力量的控制，也被资本的力量所支配。

富士康员工的连续跳楼事件是学界重点关注农民工压力的一个契机。农民工赋权路径的研究最早出现在 2012 年，操家齐（2012）认为农民工问题实质上是一个无法获得平等公民权的问题，并提出合力赋权的概念，即外力赋权、行政赋权、市场赋权、社会赋权、自力赋权等，每种赋权难以单独起作用，需要交织在一起产生合力。姚进忠（2014）的一项研究，基于生态系统理论，在"人在情境中"的视角下提出了"社区为本"的农民工赋权路径，以能力建设为核心，搭建生态网络，形成综融的服务体系。

青年农民工的赋权策略研究最早出现在 2015 年，有学者指出青年农民工由于制度框架的限制，在中国语境下，难以实现自力赋权，只能以"他助"实现"自助"，因此王斌、刘伟（2015）学者探索了"社区赋权"的路径及策略。邓玮（2016）强调了对青年农民工个人赋权的重要性，认为话语赋权是青年赋权的基础，提出要增强工会的代言人角色，增加社会工作服务以提高个人的权能感。张志胜（2017）和高传智（2018）认为对青年农民工的赋权应从提高个人主观能动性与外界干预两方面同时进行。

"人在情境中"是社会工作的核心概念，不同理论对其解释不一样，前人都是对生态系统理论视角下的"人在情境中"概念进行研究，注重对人和环境的互动进行赋权，即致力于增强人与环境之间的联系与互动，而赋权理论下的"人在情境中"认为，个人的问题并非来自自身，而是来自情境中各种直接或间接的权能阻碍因素的压迫。这会影响人的社会参与，使个人产生无力感，因此更加关注对于个人和环境本身进行赋权，有学者分别将其称为心理赋权与社区赋权，心理赋权是对个人控制生活能力的感知，而社区赋权是获得资源再分配、参与社区政治生活的情况等。

（四） 文献述评

面对巨大的生存压力，自发减压有一定作用，但只是削减压力对人产生的负面影响，不能从根本上解决问题。受功能主义的影响，无论是工会还是企业社会责任模式，都是依托于现有的结构制度。与西方的工会制度不同，工会是政府的直属部门，主要作用是维稳。企业社会责任模式是站在企业利益最大化的角度，对其进行控制与管理，也很少对环境进行结构性的改变。近几年出现了专业企业社会工作的萌芽，在强的资方与弱的工人之间找到服务的平衡点，仍处在艰难的探索期。目前，赋权社会工作的相关研究，为青年农民工的实务干预开启了新的思路，提出了很多策略与方法，但是都停留在对路径的探索阶段，并未提出完整而具体的赋权干预模式。对于"赋权"的操作化，大致可以分为两个维度：个人对权利的感知和对外界资源的控制，即个人和情境两个层面的赋权。

基于此，本研究基于赋权理论的"人在情境中"概念，认为赋权应从个人心理和社区两个层面同时进行：个人心理层面通过积极心理学视角下的 EAP 干预服务，提升个人心理资本，达到心理赋权，实现个人层面的自立自强；社区层面通过社区心理学视角下的社区赋权，将个人的消极社区环境转化为提供支持的生活空间。在个人与环境的不断互动中，实现压力消融与能力建设的良性循环，绝非对压力导致的人的异化的控制与管理。

三 研究方法

1. 文献回顾

关于农民工压力的文献纷繁复杂，有关青年农民工的研究是从 2010 年开始的，故本研究回顾了近十年的相关研究。通过回顾青年农民工自发减压策略、工会与企业社会责任模式的干预研究以及赋权社会工作在青年农民工服务中的路径探索，为本研究提供一定的理论支撑，从而在理论层面进行模型构建。

2. 调查研究

2018 年 5 月至今，课题组进入田野，在广州、中山、东莞、深圳等青年农民工聚集的工业园区开展人口特征、压力原因、实际需求、服务体系及介入方法等调查，共发放 1000 份生存压力社会学调研问卷，其中有效问卷 821 份（有效填答率 82.1%）。通过量化分析，了解其自发减压的具体策略。

3. 实务干预研究

课题组目前在深圳 F 社区与当地社工机构合作实施"榕树家园"项目，开展企业社会工作介入的循证研究，通过理论与实践的紧密结合，在相互反馈中不断完善，构建出青年农民工的赋权干预模型。

4. 实验研究

课题组以 24 名农民工为研究对象，设置实验组和控制组，运用基线测量法，在干预前后分别进行测试，以验证赋权干预模型的效果。

四　青年农民工压力的赋权模型建构

青年农民工压力的赋权路径如图 1 所示，在"人在情境中"视角下，通过心理资本积累达到心理赋权，通过社会资本积累达到社区赋权，心理赋权与社区赋权相互作用，产生合力，增强个人权能与环境权能，从而达到真正意义上的减压。

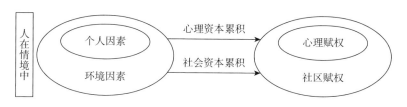

图 1　青年农民工赋权路径理论

在 F 社区"榕树家园"项目中，课题组及社区社工在文献回顾及本土实践中，运用了"人在情境中"的服务理念及赋权的整合手法，形成了初步的赋权社会工作实务运作模式。

社会工作者在 F 社区实现了"致力公益梦的知识分子"与"流动状态的打工青年"两个阶层的良性互动，开启了赋权视角下深圳本土社工的干预模式。

在扩展的临床视角下，针对青年农民工个人和家庭可以开展个案工作，为不同案主提供有针对性的服务；在企业和社区层面可以开展小组工作，为有相同困扰的工友提供交流平台；在社区层面开展社区工作，可以提升社区青年农民工生活质量（见图2）。

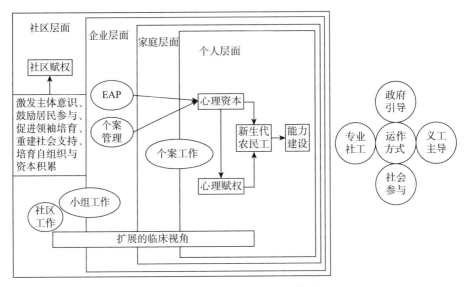

图 2 赋权社会工作实务运作模式

在赋权视角下，通过企业 EAP 服务和个案管理，提升案主心理资本，达到心理赋权；通过居民参与、领袖培育、自组织培育和资本积累，增加社会资本，达到社区赋权。青年农民工在社区生活空间下，实现能力提高，包括工作素质、生活能力、人际交往能力以及压力处理能力。

该模式的具体运作方式是"政府引导＋专业社工＋义工主导＋社会参与"的多主体互动。服务内容是将农民工培育为青年公益共同体，以参与公益活动为契机，从教育、文化、生活、经济入手；服务的根本在于调动整合各方资源，同时尊重并激发在地居民的主体性和创造性，使服务机构成为一个资源聚合和能力训练平台，使青年农民工成为真正的主角，并在这一过程中实现"去对象化"，实现真正意义上的"共治"和"共享"。

五 青年农民工压力赋权的具体路径

（一）心理赋权路径

心理赋权是一个提升个人能力、自尊的过程。对青年农民工心理赋权，即提升他们对个人控制生活的感知，激发个体改变不利社会地位的内在动力（孙奎立，2015），使他们认识到自身具有能力解决问题、影响周边环境，及个人权利的提升依赖于心理资本的累积。张阔、卢广新、王敬欣（2014）的研究表明，在压力情况下，心理资本与工作倦怠呈负相关关系，与主观幸福感呈正相关关系，心理资本属于中介变量。同时，心理资本还将直接影响工作满意度（张宏如，2015）。EAP通过提高这些正向品质减少压力，增强主观幸福感。心理赋权是一个动态性概念，因每个人具有不同的心理目标、生活要求、生命能量和网络等，所以需随服务对象阶段性状态的变化采取不同的介入方式（文军，2013）。Luthans等（2007）提出心理资本包括希望、乐观、自我效能感和心理弹性四个维度。具体来说，心理资本的累积可以借助企业EAP来实现，当前，EAP主要提供的项目包括压力管理、心理健康管理、职业生涯规划管理和个人问题管理（邹东升、徐丹，2012）。

本研究在F社区党群服务中心进行了个案探索。

小A系深圳F社区工厂一线员工，男，22岁，未婚，因工作压力大、业余生活枯燥、人际关系疏离、没有前途感且出现了郁闷、自杀倾向等问题向社会工作者求助。社工在解除其自杀危机后，通过以下步骤实现心理赋权：第一步：自由宣泄，缓解情绪，通过共情让A感到温暖和舒畅；第二步：了解自我，回归真实，通过"树木—人格"投射分析和解读，最后A对自己有了更加全面和客观的认识，能够更加乐观；第三步：整合资源，提高抗逆力，运用反思性讨论技巧，协助A整合身边资源，包括家人和朋友的非正式支持，并协助A学习在压力下如何发展健康的应对策略以及磨炼生活的抉择能力；第四步：制定职业生涯规划，通过讨论，A明确了自己做机械工程师的工作目标，通过"农民工大学圆梦计划"的帮助，他在工作之余进修机械工程专业，并经过多方协调调到机器维修部工作。在这一过程当中，案主的自杀倾向消失，心理资本有了显著增多，案主本人也对个案效果表示非常满意。（摘自F社区党群服务中心个案档案，2018－10－31）

基于理论梳理与实务探索，本研究构建了EAP心理资本干预模型，将累积心理资本的过程操作化为目标和路径设计与克服障碍、执行计划，回归真实性、乐观解释生活事件，明确个人优势、强化信心，链接资源、增强抗逆力（见图 3）。

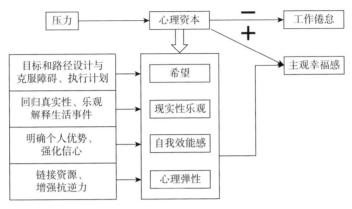

图 3 EAP 心理资本干预模型

1. 目标和路径设计与克服障碍、执行计划

通过职业生涯规划辅导协助员工设计明确的、合理的、积极的生活或工作目标，并坚持实现自己的目标，鼓励他们克服障碍、积极执行计划，使他们对未来充满希望，又能理性地为成功实现目标而选择有效的方法。社会工作者应树立"生涯发展"的服务理念，利用"职业生涯彩虹图"协助员工制定一套系统的职业规划，在个体认知与环境认知基础上选择职业目标和生涯路线并通过具体实践来完成（张宏如，2015）。

2. 回归真实性、乐观解释生活事件

EAP 辅导者应尊重员工个人的价值观、倾听其内心的真实声音，协助青年农民工对自己进行理性评估，脚踏实地、积极投入生活与工作中。过高评估自己会造成巨大的心理落差，过低评估自己易发展成退缩型主体。EAP 辅导者鼓励员工对现在和未来的各种生活与工作事件进行积极的归因，宽容过去、欣赏现在，乐观解释生活事件，从而建立现实性乐观。

3. 明确个人优势、强化信心

EAP 辅导者应用优势视角看待他们，激发他们的潜能，在取得进步时及时做出正面回应，协助他们发现自己的优点，让他们树立信心和积极的期望，在体验成功后把他们作为榜样，鼓励他们作为志愿者为其他工友提供服务，提升其自我效能感。

4. 链接资源、提高抗逆力

抗逆力是人的一种能力，可以引领人在逆境中懂得如何处理不利条件，从而产生正向的结果。抗逆力高的人能够以健康的态度面对逆境和压力。这种能力可以通过后天学习获得，这与心理学领域的心理弹性概念相符合。因此，心理弹性的增加即抗逆力的增加，EAP 辅导者应协助青年农民工提升链接资源的能力，以提升抗逆力水平。在面对压力时，能够利用身边的资源，解决自己的问题，这需要增强人际责任与义务，建立社会支持网络，提升个人亲社会能力以及增强友爱的共同体意识。

通过心理赋权达到以下目的：（1）青年农民工能够觉察到社会结构的控制与自我效能，发现自己能够运用个人能力来影响、改变家庭及工作环境；（2）青年农民工对所处的工作、社区乃至整个社会等特定环境的脉络、规范、主流文化有清晰的了解，并从中学习合作、决策、集体维权、邻里互助等策略，创造个体掌控环境和资源的机会；（3）青年农民工能够积极采取行动解决压力问题，且这些行动对他人、群体、组织乃至政策有所影响。

（二）社区赋权路径

在心理学领域，社区心理学把社区看作一个有机的整体进行研究，关注个体福祉与社会系统之间的关系，认为社区存在缺权状态。社区赋权既是一种过程，又是一种结果（Perkins，2011），通过社会工作者的计划与服务动员居民组织起来，利用集体力量参与并结合社区内外各种资源以处理现存的共性问题，结果在于居民能够取得对社区的掌控感与对资源的调动能力，社区自决与参与意识增强，社区自组织发育完善，社区最终实现自我管理与可持续发展。有学者把社区赋权的过程操作化为社区参与和社区为本的组织、社区领袖、资源动员、问题评估、与他人和组织的联系、外部机构的角色和项目管理几个部分。

社工调研发现，青年农民工对学习文化知识存在热切渴求，但工业区内既有的教育资源不能有效地满足他们的需求，一方面，私立的培训机构收费昂贵，且专业雷同度较高；另一方面，政府资助的技能或学历教育机会有限且时限较长，对于数量众多且流动性较强的青年农民工来说存在较大难度。① 为此，"公益学堂"应运而生。

依托 F 社区图书室，社工链接高校大学生志愿者为青年农民工开

---

① 《清湖"社区学堂"五年温暖数万青工》，http://news.163.com/16/1227/07/C99ANI1100018AOP.html，最后访问日期：2016 年 12 月 27 日。

班授课，主要包括演讲口才等沟通类课程，法律知识，计算机、英语、摄影等技能课。此外，还时常举办各种讲座和沙龙，处处都体现了对青年农民工综合素质提升的关注，同时，通过"平民教育"向青年农民工传递了"平等、自治、互助"的理念，工友们可以共同拥有和建设"家"，以"家人"的观念取代"服务"的概念。服务接受者是富有潜能的服务供给者，也是这个大家庭中的受益者，打破了传统社区服务"服务提供者"与"服务接受者"的二元区隔，逐步建立一个从学堂到社区再到这座城市的共同认知，实现从城市"过客"到"主人"的转变，达到融入社会的目的。

在"公益学堂"服务过程中，社工不断吸收学员协助高校志愿者参与教学管理，将学堂稳定的学员发展为学堂义工，组建义工队伍和兴趣社团，开展青年农民工文艺活动，开展团结消费、技能互换等生活互助，最终实现了合作创业。合作创业又解决了为职业病、工伤工友提供再就业机会等方面存在的问题。这种社区规范、居民之间相互信任与帮助、感情维系、对资源的掌控、共同解决问题、促进经济繁荣的过程正是社区资本的累积与再生产。(摘自深圳 F 社区党群服务中心项目档案，2018 - 10 - 20)

基于理论梳理与实践探索，本研究提出了针对青年农民工的社区赋权路径（见图 4）。

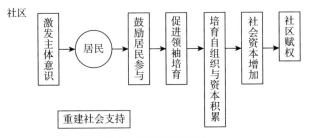

图 4 社区赋权模型

1. 重建社会支持

童敏（2013）指出，社会工作在介入青年农民工的问题时，注意从社会支持网络上提供动态服务，而不是提供针对单一问题解决的静态服务。社会工作者主要从三个层面为青年农民工搭建社会支持网络：非正式支持（家庭和朋辈群体）、正式支持（企业和工会）、公共支持（政策支持和非营利社会组织服务）。

非正式支持。在家庭层面，青年农民工多生长于拆分型家庭，留守经历致使他们家庭观念不强，当心理问题和困扰出现的时候，他们不愿意承认也不愿意和家人沟通，社会工作者可协助青年农民工正视自己的问题，重视自己的心理健康状况，同时和家庭建立良好的沟通机制。在朋辈层面，老乡和工友是青年农民工社会交际网络的重要组成部分，社会工作者通过引导青年农民工向朋辈群体表达自我、相互倾诉与倾听，并通过小组工作在互动的过程中凝聚力量，提高解决问题的能力。

正式支持。在企业层面，社会工作者通过工会帮助农民工缓解工作压力和疲惫感，以中间协商人角色为员工与企业搭建良性沟通平台，与工会工作者形成合力，促进职工、企业共同发展。同时，积极推动企业社会责任方案实施及提供企业社会责任相应服务，帮助企业中有困难的目标群体解决个人、家庭、工作上的问题，促进潜能发挥，提高生活质量与社会福祉，为企业员工创建良好的生产工作环境（李晓凤，2017）。

公共支持。社会工作者需要推动政府向社区注入资本和实物资源，关注青年农民工所处社区的环境建设，资金、理论经验、时间技术、人才引入以及获得信息等是非常重要的投入（吴晓林、张慧敏，2016）。此外，社会工作者还应链接政策资源重视青年农民工生产与生活领域的权益维护并推动政策变革以推动青年农民工获得平等待遇（见图 5）。

2. 激发主体意识

由于青年农民工群体的弱势地位，他们对社区事务仍处于无意识或低意识水平，资源更多掌握在本地居民手中。尽管他们能够实现"跨地域"和"跨文化"的身体上的流动，但其在社区空间和社区交往层面依然缺乏话语权，他们不会表达、缺少反思、不敢批评、不会质疑，成为缄默的共同体（卫小将，2017）。如此，激发主体意识成为非常重要的因素，社会工作者将青年农民工聚集起来，利用自组织平台凝聚人力、物力、精力，并在此过程中满足个人需求，增进社区认同及提升生活品质。

3. 鼓励居民参与

社会工作者在需求调研基础上，设计了与青年农民工日常工作、生活需求密切相关，以及有助于促进本地居民与青年农民工认识、交流的活动或项目，以此吸引他们参与，进而增进青年农民工群体间的凝聚力并逐步消除不同身份居民间的疏远感、不信任感。例如，社会工作者采用了近年

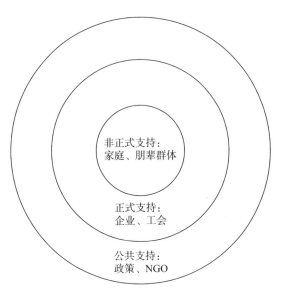

图5 青年农民工社会支持网络

来非常流行的参与式策略——影像发声，青年农民工通过拍照片和讨论照片重构了原有的生活框架，这种感性的刺激激发了青年农民工的想象力和创造力。他们通过频繁的项目参与，提高了自信心。

4. 促进领袖培育

社区领袖带领的居民参与比单纯的社区参与更有影响力。相比于普通社区居民，青年农民工身处不利的环境，最容易把不满转化为具体的行动，挺身而出成为领袖。企业社会工作者或社区社会工作者在培育领袖的过程中，要注意有领袖潜质的农民工，鼓励其积极参与，并提供学习机会，形成领导意识。同时，青年农民工领袖也会提高青年农民工群体的精神凝聚力，利于社区和谐氛围的营造。

5. 培育自组织与资本积累

以自组织平台扩大交际圈，解除社会交往的内卷化状态，实现社会资本的积累，从而达到社区赋权。工人通过自己组织的二手市场，降低生活成本，增加自身可支配资金，提升购买力，实现经济资本积累；通过拓展社区生活娱乐空间、加强文化娱乐设施建设与服务开展实现文化资本积累，尤其是"接地气"的康乐和文化活动，使得青年农民工拥有积极的符号表达（如摇滚乐、诗歌、戏剧、文学创作等），并逐渐形成有机团结的社团（如工人乐队、合唱团、戏剧社、文学社等），获得发声的平台，以此彰显弱势群体的亚文化并发出"呐喊"以抗衡城乡二元格局对农民工的排斥及企业科层制造成的个人原子主义。值得注意的是，社区自组织并不是孤立的存在，而是可以进行多元化发展的，社区内或社区间的自组织联合在一起形成社群联盟，成为新时代工人的坚实后盾；在为青年农民工解决生活困难、缓解日常压力的基础上，丰富工友的生活，为工友赋权，提高其权能，甚至可以为青年工人谋求更好的生存发展空间，推动相关政策的制定和完善。

参考文献

操家齐，2012，《合力赋权：富士康后危机时代农民工权益保障动力来源的一个解释框架》，《青年研究》第 3 期。

邓玮，2016，《话语赋权：新生代农民工城市融入的新路径》，《中国行政管理》第 3 期。

杜春辉，2016，《经济发展新常态背景下盘锦工会服务工作改革研究》，硕士学位论文，大连理工大学。

高传智，2018，《共同体与"内卷化"悖论：新生代农民工城市融入中的社交媒体赋权》，《现代传播》（中国传媒大学学报）第 8 期。

郭孟瑜、林宏炽，2009，《中途失明成人复原力展现历程暨运作模式之建构》，《特殊教育研究学刊》（台湾）第 3 期。

韩宏莉、姜国俊、刘文焕，2011，《农民工压力调查及减压策略——以河北省农民工为例》，《经济论坛》第 9 期。

李晓凤，2017，《企业社会工作服务标准研究——以深圳市龙华区为例》，中国社会出版社。

刘华国，2007，《高新技术企业员工个人与组织契合度及其相关研究——以南宁市高新技术企业为例》，硕士学位论文，广西大学。

刘雅静，2018，《"葛优躺"背后的退缩型主体——"丧文化"解读及其对策》，《中国青年研究》第 4 期。

潘毅，1999，《开创一种抗争的次文体：工厂里一位女工的尖叫、梦魇和叛离》，《社会学研究》第 5 期。

孙奎立，2015，《"赋权"理论及其本土化社会工作实践制约因素分析》，《东岳论丛》第 8 期。

童敏，2013，《制度语境下农民工社会工作服务的新视角——从静态直接服务到动态关系服务》，《广东工业大学学报》（社会科学版）第 3 期。

王斌、刘伟，2015，《媒介与社区赋权：语境、路径和挑战》，《国际新闻界》第 10 期。

王海涛，2012，《新生代农民工压力源分析与压力管理应对策略研究》，硕士学位论文，武汉理工大学。

王竹林，2007，《农民工问题与企业的社会责任》，《农业经济问题》第 7 期。

卫小将，2017，《压制、矫正与赋权：社会工作与农民工治理术的理路》，《中国农业大学学报》（社会科学版）第 3 期。

文军，2013，《西方社会工作理论》，高等教育出版社。

吴晓林、张慧敏，2016，《社区赋权引论》，《国外理论动态》第 9 期。

谢玉华、何包钢，2013，《基于新自由主义与社团主义的工会功能分析：以沃尔玛工会为例》，《浙江社会科学》第 7 期。

杨六琴，2004，《企业员工工作压力和压力应对的机制》，硕士学位论文，北京师范大学。

姚进忠，2014，《社区为本：农民工城市融入的赋权路径建构》，《西北农林科技大学学报》（社会科学版）第 1 期。

张昌英，2013，《90 后新生代农民工的抗逆力——苏州市某台资企业员工个案的研究》，硕士学位论文，华东师范大学。

张宏如，2015，《中国情境下的员工帮助计划理论与实践》，北京大学出版社。

张宏宇、周燕华、张建君，2014，《如何缓解农民工的疲惫感：对工会和 SA8000 认证作用的考量》，《管理世界》第 2 期。

张阔、卢广新、王敬欣，2014，《工作压力与工作倦怠关系中心理资本作用的路径模型》，《心理与行为研究》第 1 期。

张丽，2014，《倾力打造服务型工会》，《北京市工会干部学院学报》第 9 期。

张志胜，2017，《赋权与增能：新生代农民工“半城镇化”到“再城镇化”》，《宁夏社会科学》第 2 期。

邹东升、徐丹，2012，《新生代农民工群体员工援助计划思考》，《公共论坛》第 2 期。

Luthans, F., Avolio, B. J., Avey, J. B., & Norman, S. M. 2007. "Positive Psychological Capital: Measurement and Relationship with Performance and Satisfaction," *Personnel Psychology*.

Rissel, C. 1994. "Empowerment: The Holy Grail of Health Promotion?" *Health Promotion International*. Vol. 9, Issue 1.

Soloman, B. 1976. *Black Empowerment: Social Work in Oppressed Communities*. New York: Columbia University Press.

Zimmerman, M. A. 1999. "Taking Aim on Empowerment Research, On the Distinction Between Individual and Psychological Conceptions," *American Journal of Community Psychology* Vol. 18, Issue 1.

都市社会工作研究　第 7 辑
第 17～45 页
© SSAP, 2020

"慈善的剧场"

——对高校资助政策实践中的主体互动研究

廖香园[*]

摘　要　本研究从拟剧理论的视角出发,对高校资助政策实践过程中的资助主体与受助主体之间的互动情形和互动策略展开探讨与观察分析。研究发现主体双方的互动呈现积极互动、顺从互动、消极互动和抵触互动四种类型。不同互动情形显示出贫困学生不同的动机,愿意积极型互动或者顺从型互动的受助学生是因为希望得到有限的资助机会和名额,而消极型互动和抵触型互动的受助学生更多的是心理自尊的需求或对资助方式过于简单形式的反感或抗拒。因此,文章从学校社会工作发展模式的经验借鉴中,针对完善高校资助政策体系,提出了两个方面的思考和探讨:一是发挥资源链接的作用,使得高校贫困学生的资助更丰富,广泛吸取社会资金进入,扩大受助面;二是赋能,通过搭建能力素质提升的平台,开展素质教育和团体辅导等形式促进困难学生心理自信的建设和个人能力的提升。

关键词　资助实践　贫困大学生　拟剧理论　学校社会工作

---

* 廖香园,上海大学社区学院辅导员,主要研究领域为学校社会工作、青少年社会工作和大学生辅导等。

一 研究背景和问题

（一）中国高校资助政策的快速发展与面临的问题

1997 年中国实行高等教育体制改革，高校招生"双轨制"使得越来越多的青年有了上大学的机会，其中大量农村学子踏进了高等学府的大门。然而面临着高昂的学费和生活费，不仅是农村大学生，也让很多城市的其他困难家庭的大学生无力承担上大学的经济压力。

从《2017 年中国学生资助发展报告》可以看到，对各个教育阶段的困难学生资助，全国累计资助了 9590.411 万人次，累计资助金额达 1882.14 亿元，资助金额连续 11 年保持着增长趋势。其中对普通高校贫困学生的资助达 4275.69 万人次，资助金额为 1050.74 亿元，比上年增加 94.90 亿元，增幅 9.93%。具体数据详见图 1。

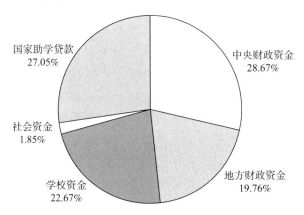

图 1　2017 年普通高校学生资助资金分布

资料来源：《2017 年中国学生资助发展报告》。

国家对高校家庭经济困难学生资助的投入和支持一直在提升，越来越多的困难学生受到资助，享受到良好的教育资源和机会。在看到资助政策实践取得巨大成就的同时，资助政策实践过程中存在的问题也不容忽视。例如近年来，很多高校在资助对象的认定工作过程中出现让学生当众"哭穷"的现象，媒体报道中也时常看到社会资助中公开贫困学生的文字和照片，《南方都市报》就曾报道湖北襄樊市五名曾受助大学生因"不感恩"而被取消继续受资助资格的事情。此外，出现了更严重的"杨元元事件"以及震惊中国的"马加爵"事件。

笔者在高校进行专业实习的过程中，通过自身经历和观察也发现资助政策在执行过程中存在着一些问题：对于困难学生的认定过程不够合理精确；资助形式和方式存在形式主义；基本的资助形式就是给予金钱或者物质上的支持，缺乏对贫困学生心理和思想上的引导；政府资助占主导，缺少社会资助参与途径等（常顺功，2012）。

此外还发现一些有趣的现象：在高校资助政策的实施过程中，资助主体与受助主体在接触互动中时常会隐藏一些真实的想法。例如在学校审核初次申请入库困难学生材料的时候，部分学生会有意无意地填写家庭的收入或对自身情况做比较糟糕的描述来获得更有利于自身的结果，但在同学或朋辈群体中，困难学生并不愿意让人知道自己家庭的实际状态。而高校在审核申请学生递交的材料时也会做出一副非常严格的模样，让申请学生意识到这项工作的严谨性、规范性和公平性。然而实际上学校最后都会让所有申请的学生入库，而且越到审核的后期越具有人情化和主观性，毕竟高校的资助工作是一项很有"情感性"的工作（高永祥、余臣，2016）。同样，这样的有趣现象也频繁地发生在以社会力量为主体的慈善助学实践中，且双方的互动行为更像是"仪式化表演"的"慈善秀"。

（二）研究的主要问题

基于以上观察到的现象，资助主体双方的互动形式很多时候呈现仪式化的表演情形，不同的资助主体在互动中所呈现的表演和构建印象的动机不同，而受助的贫困大学生主体在互动中也会采取不同的印象构建策略进行自我呈现，资助主体与受助主体不同的印象管理下的自我呈现和互动情形，无时无刻不在上演着一幕幕或滑稽幽默或感人至深的剧目，双方主体互为演员和观众，他们的互动呈现多种类型的"表演"。本研究通过参与式观察和半结构式访谈的方法，试图从拟剧理论这样一个微观的视角主要探讨以下四个问题。

第一，高校资助政策实践中资助主体双方在互动中自我呈现的情形如何？

第二，主体双方不同的互动情形分别呈现哪种类型的表演行为？

第三，不同资助主体与受助主体表演互动呈现印象动机和印象构建的支配性因素分别是什么？

第四，从学校社会工作发展模式的角度可以做哪些反思和讨论？

（三）概念界定

1. 家庭经济困难学生

本研究中将高等学校中的家庭经济困难学生称为"高校贫困生""经济困难生"，对其定义为：学生本人及其家庭亲属经济能力有限，无法支付其在校期间学习和生活基本费用，且学生有意愿申请国家助学金并经过一系列认定程序进入学校困难学生数据库的学生。在学校困难学生审核通过的信息库里，按经济困难程度进行认定和划分，分为特别困难学生、一般困难学生和特殊困难学生三类，并根据等级高低获得不同的资助金额。

2. 高校资助政策

本研究中的高校资助政策是指国家、学校和社会为保障家庭经济困难学生的教育权利而设置的资助政策，主要包含了国家助学金、国家助学贷款和社会企业的慈善助学金。其他的国家奖学金和学业奖学金不属于本文所指的高校资助范畴。

3. 高校资助政策实践主体

本研究中考察的高校资助政策实践主体包括两方面，一是政策实施的执行主体，主要是指提供资助资金或者资助物品的主体，例如市级的学生事务中心、学校资助管理办公室、教育慈善组织和社会企业等；二是政策实施的对象主体，主要是指获得各类资助的贫困大学生。

二 研究设计和方法

（一）戈夫曼的拟剧理论

美国社会学家欧文·戈夫曼在《日常生活中的自我呈现》一书中，阐述了"戏剧理论"的观点，并把舞台演出艺术的专业用语引入社会学研究中，来描述人们在日常生活中的互动，这就是"拟剧理论"。拟剧理论的基本观点是，"人生是一场表演，世界是一个舞台"（戈夫曼，2008：216）。

"拟剧理论"是将戏剧表演中的一些概念运用到日常活动中进行讨论分析，它包含多个理论，主要的核心概念有"印象管理""角色扮演""角色外的活动"。作者以所探讨"角色"为主要对象，以分析不同"表演"类型为主要内容，诠释人们以展开"印象管理"为核心的行为动机，把戏剧表演领域中的名词逐一放入社会学研究中，做出精彩生动有趣的论述。

1. 印象管理的内涵

首先，我们要明确人与人之间的互动构成了日常生活中的人际交往。在交往过程中，人们会带有一定的目的性，为了达到交往目标，会十分关注自身的形象，以及自己在塑造形象过程中采取的方式，即交往方式。戈夫曼认为人们的日常社会生活就是一个大舞台，每个人都在这个舞台上担当表演者，又作为观众。每个人都很在意自己所塑造出的形象是否能被他人所接受和喜爱，这个过程就是"印象管理"（汪广华，2001）。印象管理的过程可归纳为印象动机产生和印象构建。

2. 角色表演的相关概念和理论

在人际交往互动的过程中，出于印象管理的需要，人们开始不自觉地进行角色表演，"拟剧理论"借用戏剧表演的概念对相关的内容做了探讨。

（1）表演框架

人们开始进行角色表演时，在脑海中迅速形成了一个表演框架去指导接下来的所有行为，而这个表演框架的形成源于我们每个人的生活经验的积累与认知。正如戈夫曼所说："我所面对的也不是社会生活的结构，而是个人在他们社会生活的任一时刻所拥有的经验结构。"（Goffman，1974，转引自黄旭，2015）因此戈夫曼认为人们是参照自己主观的经验结构来进行表演的。

（2）剧本

拟剧理论的"剧本"指的是一种具体的情境定义。它是构成表演框架的一个重要元素，也是一个很容易与社会组织和社会结构联系的词语。在戈夫曼看来，剧本即"常规程序"，是表演主体"在表演期间展开并可以在其他场合从头至尾呈现或表演的预定行动模式"。（戈夫曼，2008：12）由于角色是受制于客观社会期望的个体行为模式，因此剧本代表了社会结构对个体行动者的客观要求，也是角色表演进行的依据。

（3）表演主体：个体与剧班

拟剧理论的核心点是"角色"。戈夫曼把角色区分为角色内活动（表演）与角色外活动，从而建构起个体自我的表演以及在社会分工中的角色"执行"，加深了微观互动学派对"社会"的理解：社会结构是众多的社会个体进行解释性互动的结果（张梅，2010）。

个体在"社会大舞台"上完成的任何一次"表演"，都离不开其他成员的共同努力。戈夫曼把这种"任何一组在上演单一常规程序中协作配合的个体"叫作"剧班""剧组"。剧组成员之间相互依赖，密切合作，对于彼此的表演相互予以评价和修正的意见，从而维护某些特定情景定义的稳定性（戈夫曼，2008：89）。

（4）区域：前台、后台、余留区域

表演区域的设定主要分为"前台"、"后台"和"余留区域"。"前台"是指个体在表演期间有意无意使用的标准的表达性装备，包括"舞台设置"和"个人前台"。"后台"与"前台"相对，是指与给定的表演相关联，在这里的表演所促成的印象，有意制造出与前台表演相反的效果。因此"后台"是不能让观众看到的，限制观众与局外人进入舞台的部分。

除了前台和后台，还有一部分就是余留区域，它主要指的是局外人的区域，这些角色既不是表演剧班，也不是观众，他们是表演中的第三方（戈夫曼，2008：113）。

3. 表演的类型

表演的呈现是否成功，依据印象的传达可以分为以下四类。

第一类是理想化表演。理想化的成功表演一般表现为表演者努力呈现与社会规范、社会公认价值观和标准相一致的行为和举止。理想化表演最常见于日常生活，实质上凸显的是社会结构和社会流动等对个体行动的客观要求。

第二类为神秘化表演，即通过保持社会距离来引起和维持观众敬畏的表演。出于剧班互动的观点，戈夫曼认为"观众本身也总是经常以尊敬的方式，对表演者的神圣完美表示敬畏而与之合作配合"（戈夫曼，2008：54）。

第三类是误导性表演，即演员通过虚假信息传达使观众产生错觉，接收到虚假的印象。误导性表演一般是为了获得利益或者满足某种虚荣心，在日常生活中，人们有时候会努力地使别人对某一项具体活动产生误解，这种欺骗有时是善意的，有时则是恶意的。

第四类为缺席对待，属于角色外的活动。它指的是剧班成员进入观众看不见的后台时表演者的活动，包括暗中贬损和暗中抬高。毫无疑问，缺席对待是对前台的一种仪式化的亵渎，也是对观众的一种仪式化的亵渎。

（二）理论研究框架

戈夫曼的拟剧理论的研究框架分为印象管理、角色表演和角色外活动三个核心要素，具体分析框架如图 2 所示。

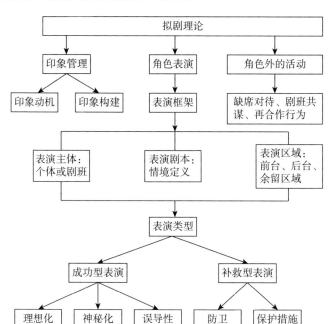

图 2　理论分析框架

依据上述的理论分析框架，本文从拟剧理论中印象管理的角度解释在高校资助政策中对实践主体设置的各项规定、要求以及社会道德规范的约束，这些存在的政策法规俨然已经为主体互动的活动设置好了"舞台"。而互动的双方在个体呈现的基础上也会受到环境以及对方的影响而做出反应，在一定程度上他们会组成一个剧班，追求相应情境定义的稳定，这个情境定义我们可以认为就是一种捐助与受助交接的仪式，也就是人们经常可以看到的慈善晚会的现场。在慈善捐助会主体双方的互动行为的呈现就达到了戏剧实现。

（三）研究方法

1. 参与式观察法

借助实习的机会，进入高校的资助管理中心工作，通过一年半的实习，参与资助政策实践的实际工作，在自然情景中观察帮困辅导员、学校资助管理中心办公室人员以及社会企业、慈善组织与受资助的贫困大学生之间不同方式的互动情形与交流，对他们各自的行为、心理和情绪都有比较细致的了解和记录。

2. 深度访谈法

本次调研根据研究问题拟定访谈提纲后,采用半结构式访谈(semi-structured depth interview),分别对不同的资助主体,包括学校资助管理中心办公室人员、帮困辅导员以及社会资助人士和接受不同类型资助的学生进行深入访谈,了解双方在互动过程中不同的想法和行为。访谈对象的选择标准主要考虑的是:(1)资助政策实践过程中不同层次的主体对象,力求涉及每一个实施环节的主要人员;(2)受资助的学生对象的选取会考虑不同的年级、不同的地域背景和具有城乡户籍的区别;(3)考虑申请学生的主观动机因素,影响学生提交申请的因素有家庭经济情况、父母亲人的建议和学生本人的态度意愿等(详见表1)。

表 1　访谈对象基本情况汇总

编号	性别	身份	年级	籍贯	户口性质
H	女	受助学生	大二	上海	城镇
X	男	受助学生	大一	湖南	农村
B	男	受助学生	大二	河南	农村
S	男	受助学生	大一	贵州	农村
L	男	受助学生	大一	安徽	农村
F	女	帮困辅导员	无		

注:基于研究的伦理和保密原则,访谈对象的姓名均用大写英文字母代替。

3. 焦点小组法

为进一步了解高校资助政策实践主体互动的现状,学校资助管理中心组织召开由学校资助工作负责人、帮困辅导员以及贫困学生组成的座谈会,这种座谈会的方式与焦点小组极为相似,他们共同针对高校资助政策的实践方式和工作内容等问题,进行交流讨论,笔者参与并从中收集一手资料。

4. 问卷调查法

在文献研读和参与观察的基础上,为进一步了解大学生对于高校资助政策的认识、理解和评价以及在参与到实践过程中的感受和体悟,笔者在实习的高校范围内开展了问卷调查,共发放问卷 167 份,回收有效问卷 167 份。调查内容包括学生的基本情况、大学生对于高校资助政策的认知和评价、受助大学生对于不同资助主体在实践互动过程中的直观体验和感受等。

三 高校资助政策实践主体互动的自我呈现与策略分析

（一）资助政策实践主体互动中受助学生的自我呈现

现实社会为主体之间的互动提供了一个场域和情境，高校资助政策就是存在于现实社会中一个特定的社会情境，在这样的社会组织和社会结构的客观要求下，人际互动的压力会更大，个体倾向于"表演"的成分则会更多，自我呈现控制的经验和技巧则更高超。高校资助政策实施过程中最终受益者是受助学生，笔者通过观察研究发现，他们处在这样的现实社会中会有目的地构建出不同的角色表演，在互动中进行着不同的自我呈现。

1. 积极型互动

笔者在前期观察的基础上设计了一份对高校资助政策实施状况的问卷，从调查数据中得出了一些结论。

图 3 显示的则是被调查大学生对国家资助政策的了解状况，约四成的大学生选择的是"了解一点"，占 40.72%，对国家资助政策"很了解"的学生占比只有 10.18%，不过总体而言，有 81.44% 的大学生对国家资助政策有所了解。可见，大部分家庭困难学生是有意愿积极主动了解咨询的，因此如果他们希望获取帮助，也可以做到有路可循。

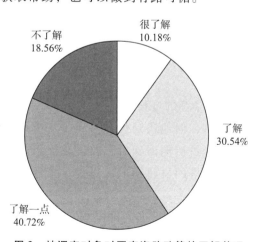

图 3 被调查对象对国家资助政策的了解状况

除了调查数据显示的大部分学生会积极主动地了解和咨询国家资助的

相关政策，笔者通过访谈也了解到部分困难学生从一入校就会积极主动地了解并去申请各类助学金。例如一位访谈对象 H 说道：

> H：因为我们家有四个孩子，我姐姐今年大四，她在学校也申请了资助，然后和我说过这件事，我希望上大学的时候家里经济可以稍微平缓一点。然后就自己打电话咨询。之后我主要是通过学校的微信公众号了解的，还有学校发的一些宣传手册和新生报到手册里面看到的，也登录学校专门的资助网站了解过。

以上学生所呈现的是愿意与资助主体进行积极主动的互动沟通，部分学生也会在与资助主体互动中呈现积极主动的一面，例如访谈对象 X 在申请国家助学金的时候遇到了很多困难，但是他并没有因此放弃申请，而是依旧积极主动去修改以达到合格标准。

> X：第一次交过去的时候（指学生第一次将申请材料递交到学校的成才资助办公室），好像有一个是金额有差距，没对上，然后就没通过。回来之后我就打电话回去（给我妈妈）了，说不行，但是我妈也不怎么会，因为打印这些她不懂的，感觉还要自己重新回到村里弄材料证明，觉得比较麻烦，但是后面我又打电话给我舅舅让他和我妈一起弄，又在政府里面让别人帮着弄，反正就打印了，很麻烦吧，弄了很久之后，然后再把材料弄了一遍，我就让他直接盖章全部寄过来了。这一次材料就没有问题，通过了审核。

X 同学在申请国家助学金的过程中，因为第一次递交的材料金额有涂改的问题，遭遇到很多困难，但他还是想办法克服重重困难，在截至时间内补交了合格的申请材料。虽然他回到后台时表现出沮丧，但经过一番心理挣扎，主动求助，拿着合格的材料第二次出现在辅导员办公室时，呈现的是一个积极主动互动的形象。

H 同学在接受社会企业慈善资助的过程中也呈现了积极互动的形象：

> H：就是很感激，嗯，然后还有就很紧张。感觉当时自己的手都在抖……

还是很感谢！因为如果没有他们帮忙的话，我可能没法上大学的，我当时因为家里的经济状态，一度想辍学去打工，不想上大学了。后面因为有了这些爱心人士的帮助我才有继续上大学的机会，而且我相信自己也会越变越好，不辜负他们！

获得了社会企业资助的 H 同学，曾在该企业发放慈善助学金的仪式上担任受助学生代表发言。她没有像其他一些受助学生那样拒绝上台发言，虽然在后台的时候，她心里打过退堂鼓，但最后还是愿意接受当众发言、感恩企业的任务，在助学金发放仪式上做了精彩的发言，给资助方留下一个非常好的印象，呈现愿意与资助方积极互动的形象。

以上的两个案例均体现了无论是在高校资助层面还是在社会慈善资助方面，面对不同的资助主体，部分受助学生总会以一种积极主动的形象出现。他们愿意遵守国家助学金的申请流程，认真积极地与辅导员沟通互动，也愿意出席助学金的发放仪式，并当面表达对资助人的感恩和尊敬。

2. 顺从型互动

在受助学生群体中，并非所有同学都会呈现积极主动的形象，也有部分学生在懵懵懂懂中进行自我呈现。他们进行表演的剧本是由父母、老师或者同学提供的。拥有这样特性的学生在高校资助实践的主体互动中更多表现出一种顺从型互动的自我。他们会有意识地想申请一些资助，特别在看到资助宣传信息的时候会极大增强他们申请的意愿，但不会从自我帮助的角度去主动了解和咨询，更多时候是从众，看着身边同学申请了自己也去实践，或喜欢让父母亲人帮自己做决定。例如在访谈中一位学生 B 说道：

B：因为我大伯的原因，看别人申请了资助，我知道了到大学可以申请，我大伯是在当地社保局工作的，还跟我说要申请这个。之前在高中阶段，就有国家助学金，申请的话，唯一制约就是面子，同学的目光。可能自己还是比较好面子，就可能觉得自己这样，觉得很不好意思……其实同学家里情况怎么样大家都清楚。这个助学金的申请，我看到了通知书后面的一些材料，然后跟父母说了，但这个申请的话，因为不太了解的人就不会去申请吧。

可能更多是家长会直接看（通知书上）的东西，财务方面，我们学生对这个，因为刚考上大学，就不知道是什么东西，一般都是身边的亲朋好友建议申请。

B 同学的感受其实在申请困难学生群体中很普遍，在初入大学的时候，较多学生都处于一种懵懂的状态，对于很多事物和决定都比较被动，不会主动去获取信息，不会那么关注外部的环境和变化。因此，这样的困难学生无论在与他人交流的过程中，还是在申请国家助学金的实践中，都会呈现顺从型的互动方式。除了 B 同学，另外一位访谈对象 S 也呈现顺从型互动的形象，这一点体现在他在申请国家助学金中的经历和感受：

S：当时我是想过的，因为那个章的事情很麻烦，让我妈弄，她都不一定能弄清楚，因为我妈只有初中文化水平，她和我一样，我怕她不愿意弄，我就说，要不就别申请了吧。隔了一天，然后我妈说还是申请吧，我就给我舅舅打了个电话，让我舅舅和我妈一起。我有过放弃的念头，后面他们就帮我解决了。

此外，从笔者做的问卷调查中也发现，呈现顺从型互动方式的困难学生还占据着较大的比例。

调查数据表明，在回答"您认为申请国家助学金是一件困难的事情吗？"这个问题时，有 45.12% 的申请学生选择了"有一点困难"，而选择"困难"的为 15.85%，两者合计超过了 60%（见图 4）。

当问及"您会参与学校定期举办的困难学生座谈会吗？"有 79.27% 的受助学生选择了"视时间而定"（见图 5）。选择这个选项的申请学生一般不怎么会主动去了解或咨询国家助学金的流程和注意事项，申请主动性稍微弱一些，遇到困难和麻烦会产生放弃的念头，并且不会把受到资助这件事看得太重要，也没有产生那么强烈的责任意识。但如果有外部支持的介入和协助，能较快地调动他们的积极性和潜能，从而解决问题。由此可见，顺从型互动的学生在高校资助政策实践的过程中，虽然不如积极互动型学生那样活跃主动，但是在父母、老师的引导和协助下也表达出愿意交往互动的形象。

3. 消极型互动

在调查中对国家助学金的申请程序进行研究，主要探讨学生对于申请

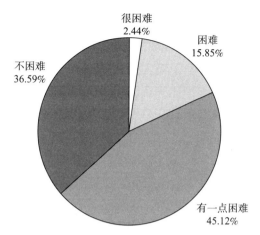

图4 被调查对象认为申请国家助学金难易程度情况

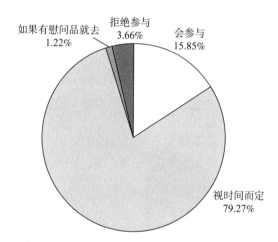

图5 被调查对象参与学校定期举办的困难学生座谈会意愿

程序的观点和态度。国家助学金的申请程序中有两个公示环节，一是民主评议，由辅导员组织不少于班级人数10%的学生代表，对提交了申请材料的同学进行班级评议，并拟定申请学生的困难等级；二是名单公示，在学院学校都审核通过的基础上，将申请学生的姓名和困难等级在一定范围内进行纸质版的公示，以接受大众的监督和反馈。

从表2的数据可以发现，在"国家助学金申请程序中的哪些做法让您觉得是没必要的？"这个问题中，83位申请过国家助学金的同学，有49位选择"班级同学民主评议"，说明超过一半的申请学生都不希望有这个申请环节。

表2 被调查对象对国家助学金申请程序的态度

单位：人，%

选项	频数	比例
线下各类证明材料的准备	16	19.28
网络系统上填写申请	26	31.33
班级同学民主评议	49	59.04
对提交材料进行量化测评	10	12.05
辅导员的初审与谈话	17	20.48
学校审核和公示	9	10.84
本题有效填写人次		83

注：因是多项选择，故百分比超过100%。

名单公示环节只有36.59%的申请学生"不在意"学校将困难学生的名单和困难等级进行公示，近2/3的申请学生表示"在意"公示，且有12.2%的人选择了"很在意"（见图6）。笔者认为，对民主评议和名单公示环节表现在意的申请学生，有着较强的自尊心，他们自身并不希望班级同学或者身边的朋友知道自己是困难学生的身份，这是他们的"后台"。

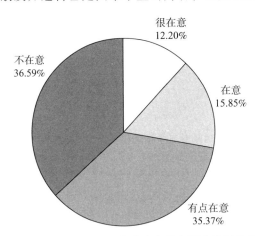

图6 被调查对象对学校将困难学生名单和困难等级公示的态度

此外对于学校组织的慈善助学的集体活动或是节假日的座谈会，消极互动型的学生也不愿参与，除非是硬性规定。例如访谈对象S说道：

S：参加座谈会，我是不抗拒的，我如果去的话我就会想，我不抗拒，而是说我有时间的话就去，我确实得到你的帮助，我是应该对你有感恩之心的，你换一个形式我可能会来，但我不会非常积极地想去。

　　如果说去参加了然后，嗯，一屋子的人，嗯，见到了彼此，确认了身份，然后大家都知道了或者认识了……

被访谈的学生在说上面的一段话的时候表情尴尬，话语断断续续，表现出如果去参加这种类型的座谈会，大家都知道了是困难学生会很难为情的样子。因此，从他的言语和表情中能看出来他并不想参与类似的集体活动，对学校的资助工作呈现消极互动的心态。

此外，另外一位访谈对象 B 则直接坦诚地说出了自己的想法：

　　B：我参加过阿莱德慈善助学金的发放仪式，学校的困难生座谈会我没有参加过。如果要参加的话，我会考虑其他的安排。这种座谈会，就我自己的话，因为我跟他人提到了这个名字，就感觉我自己不太好意思，这是一个方面，而且我根据自己的思考，困难生座谈会其实我觉得大概就是向相关部门的领导报告做了什么，效果怎么样类似的，每年就反馈的问题也都差不多，有没有什么好的方式解决它。还有一个我觉得倒是最重要的，其实更多情况下，就是拍个照片发一个真正的对于这个的宣传，对于什么资助政策的推动，其实是很有限的，学生会主动提出问题，但很少会给他们解决问题的方案。我就觉得很多事，像这样的座谈会吧，其实它也有意义，但是意义不是特别大。

同样，B 同学也对学校这类资助行为活动呈现消极互动的态度，他的主要观点是认为这样的座谈会过于形式化，没有太多实在的意义，基本上不考虑参与。对高校资助政策的实践呈现消极互动态度是较多受助学生与资助主体互动的一个状态，他们在互动中会在意多维度的因素，一方面希望获取资助，另一方面也希望保护自尊心不受伤害。

4. 抵触型互动

高校资助政策的实践过程中也存在抵触型互动。在笔者实习的过程中，曾遇到一个案例可以说明高校资助政策的实践主体互动中，存在着受助学生的不满与抵触。

案例 1：L 同学是大一新生，他从安徽某座县城高中考取了大学，来到笔者所实习的高校。据了解，来大学报到的时候，L 同学是一个人从安徽过来的，父母和家里亲戚都没有陪同，而且身上只带了 800 元现金。他目标很明确地想要申请国家助学金以及其他的社会资助，因此来到学校之后很主动地将家庭经济情况调查表和申请材料交到了学生事务中心，还拿来了一份《扶贫手册》原件。负责困难认定的老师在审核该同学的材料时，发现他提交的经济调查表上没有当地民政部门和村委会的认定和盖章，并告知该生材料不合格需回去重新办理。然而 L 同学却拒绝重新补办材料，并以《扶贫手册》为依据，认为自己家庭的贫困都已经得到了国家的认可和证明，凭什么学校不给予困难的认定呢？接下来他直接找到了学校层面的大学生资助管理中心办公室投诉，希望获得一个合理的解释。学校在接到该生的投诉反映之后，召开了一次座谈会，请来了其他申请国家助学金的学生、帮困辅导员共同讨论这件事。在整个座谈会过程中，L 同学表现得极为愤怒和激动，言语和行为上都呈现对学校困难生申请认定程序的不满和抵触。

除了在国家助学金申请过程中与学校和帮困辅导员的互动中表现出抵触外，L 同学对于社会助学金的资助主体同样表现出抵触型的互动情形。具体事件为该同学获得了一项社会企业的慈善资助金，捐助企业规定受助学生需拍摄一段感恩视频并出席助学金的发放仪式。刚开始 L 同学拒绝为该企业拍摄感恩视频，在帮困辅导员几次做思想工作的情况下才简单地拍摄了一段，并答应了会出席发放仪式。然而在发放仪式进行的当天，实际上 L 同学并没有出现，当笔者联系上他询问原因的时候，该生只是简单地回应了一句："太没意思了，不想参加。"

从上述的案例呈现中，我们可以看出在国家越来越重视教育公平的大背景下，对资助政策的推行力度也在逐渐加大，因此高校以及帮困辅导员会以较为积极的姿态投入资助政策的实施过程中。而受助学生相比而言，就显得消极了很多，他们会通过自己的方式来表达自己的不满与抵触。有时他们的不满和抵触针对的是资助主体的互动形式，但有时他们抵触的也是这个资助政策本身的一些不合理之处，并非资助主体。

（二）资助主体互动中的自我呈现

上一节主要从受助主体的视角，描述了他们在高校资助政策这个社会现实的实践过程中自我呈现的类型。接下来，换一个角度，从资助主体的视角探讨高校资助政策实践中主体互动的呈现以及他们进行印象管理和印象构建的策略。

1. 行政命令下的执行者——学校、辅导员

学校是小型社会的缩影，高校在实施资助政策的行动思维上，依旧受转型时期中国科层制和单位制文化对社会运行产生的影响。在笔者的调查研究中，高校资助工作的直接执行除了学校资助管理中心的工作人员外，直接操作的还有高校的辅导员群体。从访谈中也能看出这个现象，比如 S 同学和 B 同学都有提到。

> 问：主要接触哪些部门或人？接触过程中感觉怎么样？
>
> S：主要是事务中心和学校成才服务中心，还有就是辅导员吧。事务中心有很多学生助理，他们都非常积极地回答我的问题，有时候可能会碰到老师不在的情况，他们都会尽力回答我，所以我觉得找他们帮助的时候就很开心，能够及时得到帮助，我非常感激他们吧。
>
> B：主要和事务中心吧，我把材料交到这里就结束了。学校好像还有一个（学校）成才服务中心，我就没接触过，给的帮助是比较有限的，因为他们也不是向着每个人。他们的助理就很少，而且据我所了解，好像也没有一个专门的咨询窗口，包括在各方面的宣传。但在我们学院的话，学生事务中心这一块，我觉得覆盖面基本是没有问题。然后辅导员会跟你联系，我大一的时候能接触的，有困难就找辅导员和学生事务中心。

两位不同年级的学生，都提到了在申请资助的过程中接触最多的部门和人是学校成才服务中心、学生事务中心和辅导员。而且提到在与他们互动过程中感觉挺好，学生助理或者辅导员都会耐心地讲解和指导，但也能从中发现细微差别。两位同学共同提到和辅导员或学生助理交往过程中觉得很有帮助，但是在和学校层面的成才服务中心的工作人员交往互动中感觉不是那么好，一个是因为直接与他们接触的少，另一个是因为学校的成

才服务中心没有足够多的学生助理和老师能解答他们的问题和疑惑。

除了学校资助管理人员被要求提高责任意识和服务意识外，学校成才资助办公室还下接全校 20 多个院系的帮困辅导员，共同形成学校资助政策工作实施的执行者团队。访谈的一名辅导员 F 说道：

> 问：作为辅导员，助学帮困的工作量多吗？具体您需要做哪些工作呢？
>
> F：助学帮困的事情主要就是在新生刚入学那段时间会占据我比较多的时间和精力，因为很多程序都要在那个时候完成。我一般都是接学校成才办公室的通知文件，他们让我怎么做我就怎么做，包括刚开始新生还没入学之前的一个星期，我们辅导员就会被叫到学校来开会。成才会告知我们具体怎么做，包括审核学生提交的材料，在网上进行初审和量化测评，民主评议和学生谈话等。因为我们有微信群，所以什么时候要做什么，成才的负责老师就会在群里提醒，我照着做不出错就行了，辅导员要做的事情太多啦！

辅导员作为学校学生工作系统中最一线的工作人员，每日都需要处理大量的行政工作事务，对他们而言助学帮困只是工作职责中很小的一部分，因此他们认为资助工作只要按照学校发放的通知文件执行就可以。当然在他们认定过程中遇到疑惑的时候，也会向学校成才资助办公室咨询，而学校一般的回复就是请辅导员酌情考虑，只要符合实际情况而且不与相关文件相违背，最后能通过市级学生资助管理中心的检查即可。

对比学生眼中的老师，以及辅导员眼中的自我，可以看出无论是学校成才资助办公室还是一线的辅导员，他们在学生面前呈现耐心、和善讲解和宣传国家资助政策的形象，但在自己的行为后台中却都只是在扮演政策执行者的角色。因此在高校资助政策的实践过程中，他们在工作上很多时候对上不对下，成了行政命令的执行者。

2. 社会形象的追求者——社会企业

社会企业进入高校资助领域，带着它们自身的企业文化和捐助目的，因此社会企业提供的慈善助学一般具有竞争性和激励性特点，并且对于申请学生的筛选和条件要求都比国家助学金严格和烦琐。对学生的筛选要求一般包括成绩优异、所学专业与本企业经营的内容相符，还需要配合企业做一些宣传等。

在访谈中 B 同学提到他获得社会资助的经历：

> B：怎么说呢？我们这些学生只能按照他的要求来做吧，拍一些能体现他们有社会责任感的视频也是可以接受的。然后学生的话，因为我觉得对于贫困的学生而言，他们还是需要的，拍视频也好，这个我觉得大部分都应该会愿意的。
>
> 但是，怎么说呢，因为资助是长期的，如果说你要给他的钱，然后都慢慢等学生培养出来是什么样的，再去回报社会，说我们企业资助过的谁谁很厉害的，他还可以说我怎么怎么样实现他的目标，这些在短期内他很难去达成，目前他也只能以拍这种纪录片的形式来体现，他们也没办法，很理解他们。

由此看出，社会企业向高校提供慈善助学的捐助，在捐助内容和捐助形式上比较重视对企业社会责任和企业社会形象的树立和宣传，对于这种做法有较多的学生都认为是在作秀，因此在学生们看来，社会企业在高校资助政策的实践互动过程中就像一个极具表演欲的演员，喜欢在聚光灯下曝光，极力想要展现一个负责、慈爱、奉献的社会形象。

社会企业慈善助学捐助基于以上种种现实问题，在向高校提供资助的实践过程中，他们会比较重视慈善助学金发放的仪式，希望与学生面对面交流，注重和扩大媒体宣传报道来展示企业文化和树立企业社会形象。

3. 无私奉献的爱心者——社会爱心人士

同样是慈善助学，社会企业通过慈善资助的形式追求社会的关注和企业形象的树立，它扮演的是一个社会形象的追求者的角色，也有社会爱心人士以个人名义，一对一地资助贫困大学生完成学业。在笔者实习过程中遇到这样一个案例：

> 案例 2：去年学校开展过一个"少数民族大学生结对助学活动"，这个助学活动主要由静安区少数民族慈善基金会牵头，与学校进行合作，专门为少数民族的困难大学生提供资助。开展形式为结对资助，即一名困难学生与一位爱心人士或一个企、事业单位进行随机结对，结对成功之后，资助方需要支持受助学生四年的学费，而受助学生需

要每半年写一次感恩信，并向资助方汇报自己的学习生活情况。结对资助的形式因为长期性且存在着书信往来，所以资助方与受助学生能形成比较稳定和亲密的关系。笔者在这个活动开展后，曾和一名受助学生交流的时候，问过他是否觉得写感恩信这件事很麻烦，每半年一次还有点频繁，自身有没有反感之类的问题。当时那名受助学生的回答让笔者很意外，他回答说：不觉得麻烦，我基本上会一个月写一次信给那位叔叔，只要我有时间就会写。我会和他聊很多在学校遇到的事情和困惑，以及生活或者情感方面的问题，他会比较快地给我回信，并告诉我他的一些经历和人生道理，对我激励和影响都很大。我们没有见过面，我知道他姓什么但不知道他的全名，但感觉我们相处起来很亲切，心离得很近。

从这个案例中，笔者能深深体会到在这个现实的社会里，总会有那些善良的人存在。他们无私奉献，默默地支持着贫困学子的大学梦，他们不求回报，只希望对这个社会和他人尽绵薄之力，他们是慈善助学中无私奉献的爱心者。

（三）主体互动的表演类型呈现和动机探究

上述两节分别从受助学生和资助主体两个视角，细致生动地描述了在高校资助政策实践中他们在不同的情境定义下的自我呈现方式。因此在本节中我们将会深入探讨在高校资助政策实践中双方主体在互动中进行自我呈现的表演类型以及背后的印象建构动机。

1. 理想化表演——积极、顺从型互动学生的动机分析

在第一节中我们描述讨论了部分学生在与高校资助主体的互动中呈现积极主动或一定程度上的顺从型互动，他们愿意遵守国家助学金的申请流程，认真虚心地与辅导员沟通互动，也愿意出席助学金的发放仪式，并当面表达对资助人的感恩和尊敬；或者有外部支持的介入和协助，在父母、老师的引导和协助下呈现愿意交往互动的形象。而资助主体会严格遵守办理流程，适当的时候给予鼓励和表扬，努力扮演好观众的角色，双方的互动实现了一种理想化的表演类型。

从受助学生的角度看理想化表演本身，它意味要隐藏自己家庭具有优势的部分，例如有亲属的支持协助或者家庭团结带来的经济效益等。访谈

中发现，困难等级高的学生对国家资助政策在实施方式、资助内容等各方面都表现出认同和积极的态度。也有受助学生谈道：

> 因为它政策比较好，所以这个看着我就觉得它还挺有用的。嗯，主要还是希望体谅一下父母。或是我希望上大学的时候家里经济状况可以稍微改善一点。（访谈对象 H）

因为家庭经济状况贫困，学生上大学需要为学费和生活费担忧，他们最基本的需求就是希望获得经济上的支持来支撑完成自身的学业。而国家助学金是能够维持学生基本生活保障的资助，部分社会助学金这样的大额资助是能够支付学费的，这两种类型的资助资源都是有限的。因此基于自身内在需求的印象动机构建，就会促使这类家庭经济困难的学生尽可能地去顺从高校资助政策运行实施的规则，以资助主体期待的行为角色出现，做一个合格的表演者。

2. 误导性、神秘化的表演类型——消极型互动学生的印象动机分析

消极型互动的学生具体表现为在意他人对自己家庭情况的了解，也不会主动参与到有关的集体活动中，他们在交往互动中会刻意保持距离。笔者认为消极互动型的受助学生更多在意的是自尊心。他们担心在班级同学知道自己是困难学生后的异样眼光，也担心自己不能申请到资助，因此他们的自尊心会成为他们印象构建的基础。其中，民主评议和名单公示这两个环节是对学生自尊心影响最大的两个环节（详见表 2 和图 6）。

笔者认为，对民主评议和名单公示环节表现在意的申请学生，有着较强的自尊心，他们自身并不希望班级同学或者身边的朋友知道自己是困难学生的身份，这是他们的"后台"，因此当他们来到前台，将自己呈现给他人的时候很希望隐藏困难学生的身份，这时候在很大程度上会选择较为消极的互动方式，即尽量避免来到前台或者来到前台之后减少台词，尽量减少与"观众"互动。而在与资助主体进行互动的时候，他们也极有可能选择一种隐瞒性的方式，这一点我们可以从访谈对象 H 提供的资料中看到：

> H：我觉得应该是有出入的吧，比如说一位同学，我和其他助理这种事都碰到过，就是一位同学他刚交过来的那个表填错了，他后面拿

了一张表和前面一张表还可能会有很多不一样，收入金额上可能会有差异，感觉就是前后好像不一致了，那些收入金额像是他们随意填上去的。

从以上的描述分析中可以看出，当消极互动型的受助学生处于高校资助政策和学校这个前台进行表演互动时，呈现的是一种误导性的表演类型，即他们会尽力制造出自身家庭较为贫困的一面，并且还在这个过程中尽可能维持自己的自尊心和隐私。在这里，受助学生在高校资助政策实践中与资助主体互动时选择消极互动的方式和态度，无非想维护自己内心中的自尊，满足自身的一些需求，这实际上反映了政策实践过程中对于学生隐私保护的忽视和不恰当处理的问题。

在同样的表演框架下，如果从资助主体的角度出发，当他们面对消极互动的受助学生进行自我呈现时，会刻意传达出一种神秘化的表演。他们会明确各项规定，严格要求受助学生按时提交相关证明材料，扮演一个专业人士，以维护自身的威严和形象。因此在接收学生申请国家助学金的材料和认定的过程中，学校负责成才资助的老师和辅导员会共同形成一个剧班，他们在申请学生面前时刻保持着严肃谨慎、公平公正的表演姿态，严格按照各类政策文件的要求执行着每一个认定环节，会让材料不合格的申请学生重新补办材料。但当他们回到后台，剧班成员之间相互分享的时候，就会流露出对困难学生的同情和怜悯，希望通过自己的方式能帮助到他。

3. 缺席对待——抵触型互动学生与资助主体互动策略分析

前面已经描述在高校资助政策的实践过程中，高校以及帮困辅导员会以较为积极的姿态投入到资助政策的实施过程中。而受助学生相比而言，就显得消极了很多，甚至会通过故意缺席的方式来表达自己的不满与抵触。这种情况我们可以运用拟剧理论中的"缺席对待"概念来理解和分析。

案例 1 中的 L 同学无论在国家助学金的申请过程中还是在社会助学金的发放仪式的互动中，始终有一种抵触的情绪。他不满辅导员对他材料审核不通过的解释，会直接到学校去反映自己的诉求。同样，在接受社会资助的互动过程中，一开始答应参加发放仪式，而实际上到了应该出现在前台开始表演的时刻，却始终没有出现，并在后台用"太没意思了，不想参加"来贬损助学金发放这场仪式和观众。然而为何抵触型互动学生与资助主体之间的互动以缺席对待的表演类型呈现呢？

问卷结果显示，一些获得社会资助的学生如果得知参加的捐助仪式过于形式化或者有涉及媒体报道和当众宣读感谢信的环节，就会以各种理由和借口不参加，尝试逃避这种座谈会。

笔者通过"您如何看待社会资助过程中举办慈善会议和发放仪式以及要求受助者写感恩信的行为"来了解申请学生的观点（见图7），可以看到有58.68%的学生选择了"可以理解，便于资助方监督助学金的实施"，但也有11.38%的受助学生选择了"只是一场慈善秀，目的是宣传资助方的社会形象"。在其他选项中，有学生的主观回答道："仪式性要求而已，也不乏学生真的感谢"，"举办的目的是好的，但是实施过程有慈善秀之嫌"等。

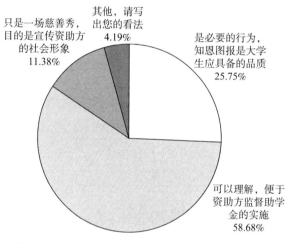

图7 被调查者对社会资助仪式及相关行为的态度

四 总结与讨论

（一）高校资助政策实践主体的拟剧呈现框架

通过以上分析和探讨，高校资助政策实践的过程中主体在互动中互为演员和观众，每一种类型的互动情形都像一场有剧本、有框架的表演剧目。基于以上研究发现，笔者在借助戈夫曼拟剧理论研究框架的基础上，总结得出了一套描述和解释高校资助政策实践主体互动的拟剧呈现框架（见图8）。

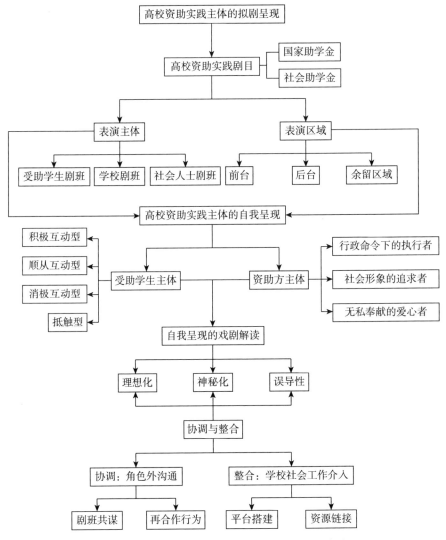

图 8　高校资助政策实践主体互动的拟剧呈现框架

（二）高校资助政策实践主体互动的协调机制探讨

基于研究发现的问题，高校资助政策实践主体互动中受助学生呈现消极型互动和抵触型互动的印象动机都反映出高校资助政策实践的浅层化和形式化，笔者将从拟剧理论角色外沟通的角度谈几点思考。

1. 剧班共谋——增进主体双方的沟通交流

当高校资助政策实践中的资助主体与受助学生主体之间的互动呈现误

导性和神秘化类型的表演时，我们得知一方面是因为受助学生比较被动地参与到资助工作的实践中，只是出于自身需求的满足而进行消极互动，另一方面是因为资助主体想要维持自己在高校资助体系中的权威与地位，而刻意与受助学生保持社会距离，从而让学生产生敬畏，由此造成了双方无法正常平等地互动。

戈夫曼拟剧理论中所提出的角色外沟通的一种方式就是剧班共谋，它指的是两个剧班之间的一种沟通，他们沟通互动时会极其谨慎。实际上，共谋的沟通是剧班成员从剧班间的互动所要求的限制中获得稍微放松的方法，它是一种偏离的形式，不同于那种对观众加以隐瞒的类型，它倾向于维持现状的完整性。

从这个角度思考，其实高校资助政策的实践双方主体可以在大的社会规范，即表演框架不进行改变和违背的前提下，通过增加非正式的沟通交流，从而在互动表演中达成剧班共谋。也就是作为资助主体的剧班，可以通过非正式的沟通提供途径，从柔性情感上给予受助学生帮助和支持，辅导员多以长辈家人的身份听取困难学生的想法和难处，社会的慈善助学主体多以朋友或爱心人士的角色给予受助学生鼓励和支持，减少社会距离和严肃的社会礼仪，使得高校资助政策的实践成为一项"有温度"的工作。而受助学生剧班，则应该更好地把握表演的大框架，在接纳和习得社会规范的基础上可以多主动与资助主体进行沟通交流，了解和识别出他们非正式沟通中所透露出来的暗示性要求，不必过于将自尊的心理状态看得太重，学着敞开心扉，乐观接受。

2. 再合作行为——相互尊重，合作共赢

高校资助政策的实践主体互动过程中也存在着失败的表演类型，缺席对待的上演意味着受助学生的不满与抵触。但有时他们抵触的只是资助政策本身的一些不合理之处，而并非资助主体。受助学生的抵触型互动实际上是一种对于不平等身份的抗争，以不参与、不配合的行为来呈现自我，用贬损嘲弄的措辞形容资助者在发放仪式上的行为。这种缺席对待的表演方式打破了资助主体剧班原本计划的慈善助学演出，致使表演出现危机，剧班在努力维持的那种印象也受到了威胁。理所当然，主体双方的关系与合作则陷入了僵化之中。正是当缺席对待不可避免地出现之后，讨论再合作行为便具有了意义。

再合作行为的出现，说明人与人之间的共同性，即拥有共同语言和共同目标，会促进再合作行为的产生和互动关系的再建立。不过这种共同性需要建立在一定平等的基础之上，因为在通常情况下，两个剧班在进行社会互动时，常常能感觉到一个剧班的社会声望高，另一个剧班的社会声望较低。在这种不平等的互动中，通常会认为社会声望较低的剧班会努力改变互动的基础，呈现对自己更为有利的行动，或是尽量缩短自身与较高社会声望剧班之间的社会距离，以及尝试着去模仿他们的礼仪规范。不过在某些情况下，社会声望较高的剧班会主动提供方便，允许低声望的剧班亲近并建立起亲密和平等的关系。这种主动扩大后台的亲密关系比起低声望的剧班努力靠近的方式，能保持双方更长远的利益。

从再合作行为的内涵中可以得到启示，当高校资助政策的实践主体——资助主体剧班和受助学生剧班进行互动时，明显资助主体剧班是具有较高社会声望的一方，他们掌握着实践互动过程中的绝大部分规则和主动权。因此笔者认为，与其让受助学生剧班来努力改变互动的基础，而且效果甚微，不如从资助主体剧班一方做出改变，主动提供沟通交流的机会，相互尊重，与受助学生建立起亲密平等的关系，多一些对受助学生实际状态和心理自尊方面的关注和考虑，共同合作配合，实现双赢。

3. 学校社会工作介入高校资助政策实践的思考

越来越多的学者提出从学生德育发展的视角培养贫困学生正确的价值观和世界观（梁红军，2010）、提升综合素质能力的解决策略，笔者尝试从学校社会工作介入高校资助政策实践的可行性和创新性上做一些思考。

20 世纪初期，学校社会工作萌芽于美国，当时为了更好地解决青少年的问题，家庭访问教师运动应运而生，他们通过家访来加强家庭与学校的联系，促进学校、家庭与学生之间的沟通，一开始经常使用的工作方法是与学生或父母面对面式的交流辅导、辅导性的小组工作和多元化的社区倡导活动（田国秀，2014）。

美国学校社会工作的发展经历了传统临床模式、社区学校模式、学校变迁模式与社会互动模式的转变，如表 3 所示。

表 3 美国学校社会工作发展模式的变迁

对比项	传统临床模式	社区学校模式	学校变迁模式	社会互动模式
发生时间	20 世纪 20 年代	20 世纪 40 年代	20 世纪 60 年代	20 世纪 70 ~ 80 年代
目标群体	存在情绪困扰与适应问题的学生	不了解、不信任学校的弱势社区	学校规范、管理、设施方面的问题	学生与社会的良性互动

续表

对比项	传统临床模式	社区学校模式	学校变迁模式	社会互动模式
工作焦点	帮助"问题学生"解决困难、恢复社会功能	帮助身处弱势社区的学生及家庭，协助他们了解、信任学校	促进学校变革，维护学生权益	找准互动中的问题，消除互动障碍，建设互动机制
问题归因	家庭关系不良或亲子关系有问题	弱势社区的经济地位低下、组织关系松散和功能欠佳	学校教育观念、教育体制的僵化与偏颇	青少年学生与其他社会成员之间的互动困难、互动不良
社工角色	咨询师、教育者、辅导员、支持者、矫正者	协调人、调查员、家访人员、宣传员、联络员	倡导者、辩护人、使能者、调停人、仲裁人、协调员	倡导者、鼓动者、协调人、联络员、推动者
理论基础	心理分析理论、心理咨询理论、家庭治疗理论	社会资本理论、社会融合理论、沟通理论	标签理论、偏差理论、赋权理论	积极青少年发展理论、建构理论

由此可见，学校社会工作的服务实践和发展模式是适应社会需求以及青少年实际问题而产生和设计的。青少年群体在社会变迁中，其需求得不到满足或出现新的需求，学校社会工作的服务模式就会随着需求的变化而变化，在这过程中政府对服务的关注和支持，进一步促进了学校社会工作规范化发展（田国秀，2014）。可见，学校社会工作的产生和发展是青少年服务需求导向的结果。

学校社会工作者与心理辅导老师或辅导员之间有本质的区别，学校社工不仅能开展个案工作和小组工作，扮演咨询者、教育者的角色，而且能运用社会互动的工作模式，为学生链接资源，消除互动障碍，扮演着协调者和鼓动者的角色。

因此，笔者认为学校社会工作在介入高校资助政策实践过程中，可以注重运用社会互动的工作模式来改变一些高校资助政策机制本身的现实问题。

（1）资源链接——扩大资助范围

从表3中我们可以看到，学校社会工作社会互动模式的工作焦点是找准学生与社会互动中的问题，消除互动障碍，建设互动机制。回顾研究分析，我们得知部分学生在与资助主体互动中会呈现积极主动的自我形象，这是与学生的家庭经济情况密切相关的，通常越是家庭经济情况不佳的学生越希望获得资助，就越会呈现积极互动的态度。这从反面也折射出一个问题，就是我们高校的资助资源是有限的，学生需要通过申请筛选才能获取，因此学生采取积极主动的呈现方式也是一种互动策略。然而只有学校社会工作者从社会互动模式的角度去思考，才能较为敏锐地捕捉到这一点。

针对这一问题，笔者认为在高校资助政策的实践过程中，可以尝试从学校社会工作的视角出发，运用社会互动模式，特别是高校资助主体，应扮演一个联络链接者的角色，一方面，多方合作广开源，尽可能地将社会慈善助学资金引入学校的帮困助学工作中来，包括申请社会慈善基金会的项目资金，与社会爱心企业建立慈善助学的合作机制；另一方面，也可有导向地挖掘校友资源等，链接多元的资助资源进学校，才能使更多需要帮助的困难学生得到支持，安心地学习生活。

（2）搭建平台——赋能学生，资助育人

对于那些在高校资助政策实践主体互动中呈现消极和抵触态度的学生，他们一方面是出于对自身自尊心的保护，但最主要的原因是高校资助的实践过程中有太多形式化和行政任务式的环节，这些浅层次的资助形式不但没有满足受助学生成长、提升能力的需求，还在一定程度上占用他们的时间，因此受助学生呈现不满和抵触的态度。

从学校社会工作社会互动模式的视角出发，这时高校资助主体扮演一个调查者的角色，评估学生对自身发展成长性的需求以及学校资助育人的教育目标，通过搭建高校资助育人平台，申请一部分慈善助学的资金专门用于这个平台上，作为鼓励和引导困难大学生提升自身能力和精神文化素养的专用基金。此外，还可以作为倡导者和设计者，使得贫困大学生与学校、社会的沟通渠道保持畅通，发挥学校的平台作用，搭建健康积极的沟通机制与模式，通过设计能力素质拓展项目，引入社会组织和社会企业的参与，一起来加强学生、学校、社会三者之间的沟通和互动，挖掘学生与社会的共同利益；推进学生与社会资源共享，发展共赢。

参考文献

常顺功，2012，《高校学生资助政策及实施问题研究》，硕士学位论文，云南大学。

高永祥、余臣，2016，《学校社会工作视域下高校贫困生获资后教育配套机制研究——基于生态系统理论的分析》，《高教学刊》第 22 期。

戈夫曼，2008，《日常生活中的自我呈现》，冯钢译，北京大学出版社。

黄旭，2015，《基于拟剧理论视角下大学生微信与现实自我呈现一致性影响因素研究》，硕士学位论文，安徽大学。

教育部全国学生资助管理中心，2018，《2017 年中国学生资助发展报告》，《人民日报》
　　3 月 2 日第 14 - 15 版。

梁红军，2010，《德育视野下的高校资助育人体系研究》，硕士学位论文，赣南师范
　　学院。

罗晶，2013，《简析企业慈善捐赠在高校资助育人中的作用——以江苏陶欣伯助学基金
　　会为例》，《学理论》第 32 期。

芮必峰，2004，《人际传播：表演的艺术——欧文·戈夫曼的传播思想》，《安徽大学学
　　报》第 4 期。

沈炜，2012，《论学校社会工作嵌入我国高校学生工作的体系构建》，《华东理工大学学
　　报》（社会科学版）第 6 期。

苏娟娟，2010，《贫困大学生心理危机的根源分析——关于贫困大学生回避社会资助行
　　为的心理解读》，《淮阴师范学院学报》（自然科学版）第 9 期。

田国秀，2014，《学校社会工作的模式变迁：美国的经验及启示》，《首都师范大学学报》
　　（社会科学版）第 6 期。

汪广华，2001，《述评戈夫曼的社会拟剧理论》，《连云港师范高等专科学校学报》第
　　3 期。

谢宝婷，2011，《社会信任的困境与基础》，博士学位论文，上海大学。

张梅，2010，《从角色表演到角色外活动——对戈夫曼〈日常生活中的自我呈现〉的框
　　架性分析》，《东南传播》第 7 期。

都市社会工作研究　第 7 辑

第 46~63 页

© SSAP, 2020

残障者日常生活中的排斥与融合

——以喉癌康复群体康复志愿活动为例

霍芸瑞[*]

摘　要　作为残障者，喉癌康复者常因喉部伤痕及发声异常而被污名，其污名化机制导致这一群体普遍遭受社会排斥。但同时如果他们作为志愿者，则他们乐于向患者提供志愿服务。本文描述无喉康复者群体的日常生活，尤其是他们作为志愿者在不同情景中的自我呈现方式，并揭示这些生活情景之间的内在联系，探索其在志愿服务过程中形成的内在动力。一方面，无喉康复者学会食管发声后，成为康复宣教活动中的主体力量，常被构建为传播积极力量的群体，自身获得价值感；另一方面，他们在俱乐部内形成的群体认同，促使个体获得持续参与志愿活动的动力。群体志愿行动回应了污名化导致的社会排斥，使这一群体找到了融入社会的路径。

关键字　残障/残疾　社会模式　社会排斥　自我实现　志愿活动

一　问题的提出

对于残障群体而言，如何改变遭受社会排斥的境遇，真正融入日常社

---

[*]　霍芸瑞，上海市浦东新区人民医院社工部社会工作者，主要研究领域为医务社会工作、残障康复社会工作等。

会生活，是一个无法回避的重要课题。本土残障群体的社会排斥问题，必须放置到具体的社会情景之中加以讨论。但由于本土残障社会学的研究起步较晚，围绕残障群体融入社会生活的具体经验研究尚付阙如。本文试图尝试基于对某一残障群体——喉癌康复者的日常生活的描述，探讨其在康复和志愿活动之中，增进残障身份的认同，并在这一过程中，寻求消解社会排斥、重新融入社会生活的可能路径。

就如何使残障者群体免遭社会排斥、融入社会生活而言，以往的残障研究常聚焦于有关"污名化"的社会机制展开讨论。"污名"是个体的一种不被信任和不受欢迎的特征，戈夫曼将其归于偏离社会规范的人，这类人拥有某种特征，从而使其区别于可能成为的其他类型的人，也使其不太令人欢迎；一个健全的平凡者如沾上污点、受到轻视，这样的现象也是污名化现象（戈夫曼，2009）。被贴标签者有不被其所属文化接受的一些状况、属性、品质、特点或行为。这些属性或行为使得被贴标签者产生愧疚、耻辱等情绪而导致退缩，最终导致社会排斥。依此，社会排斥是社会对被贴标签者所采取的贬低、疏远和敌视等态度和行为，是污名化的一种结果。

残障者因非"健全"的身体等，总是遭受大众异样的眼光。因而围绕对残障者的社会排斥机制的探讨，大都集中在污名领域。对污名化机制的研究发现，污名可以分为公众污名与自我污名，公众污名是公众对受污名群体根据其污名做出的反应，包括刻板印象、偏见与歧视行为（Corrigan，2005）。某些疾病，如癌症、艾滋病所带来的身心疾痛，同样在不同的时代和社会中被烙上了文化特征的印记，导致患病个体甚至家属都遭受羞辱而被污名（克莱曼，2010）。自我污名则是受污名个体将污名化态度指向自身而产生的反应，也包括对个体自身的负面刻板印象、自我贬低及自我逃避与放弃。类似的污名机制同样发生在残障者身上。这些研究的启示在于，污名机制引发的公众污名和自我污名使得残障者切断了社会联系，导致其无法参与到日常社会生活中。

因而，在探讨去污名化的路径时，被污名者的抗争常被理解为一种可能的方式。以精神障碍者为例，这些抗争却往往强化了机构控制（丁瑜、李会，2013），甚至会导致污名的自我内化（徐岩，2017）。因而作为单个抗争者，常难以取得成功。为此，近年来的残障研究在探讨社会模式时引入普同观念，试图在理论层面打破残障者与健全者之间的认知边界，从而实现相互理解（杨锃，2015）。在个体和社会之间讨论增能的有效路径时，可基于可行能力观超越社会排斥论所导致的局限性（于莲，2018）。在社会建设的层面，可通过无障碍设施等的改造、通用化的过程，实现多元主体共同参与营造"正常化"的社会生活空间，呈现一种基于互动关系而产生的公共性特征（杨锃，2018）。

可见，直面社会排斥、消除污名，就有必要建立在残障者的主体性基础上，即让残障者自发行动。任何外部影响最终都必须通过残障者主体对自身境遇的接纳、对残障身份的认同才能真正发生改变。而在探讨如何改变残障者遭受社会排斥的问题时，我们必须注意到，残障者群体的部分集体行动在一定程度上，可以打破固有的排斥，得到社会承认，进而建立其对当下生活的意义感和面向未来的希望。

二 无喉康复者群体的志愿生活

我们于 2017 年 4 月进入 S 市 WG 医院，开展医务社会工作实践，在病房探访工作中，发现院内除医护人员之外，还活跃着一群无喉康复志愿者。这些是罹患过喉癌①、做了全喉切除手术又重返医院进行病房探访的一群志愿者。尽管自身努力学会了食管发声，但疾痛带来的影响是巨大的。术后他们因切除声带、丧失言语功能而成为残障者，同时，他们又是面临复发威胁，因而不断练习食管发声的康复者，具有双重身份属性。笔者在同无喉康复志愿者接触时，发现这类人群乐于参与医院的各类活动并经常表现出充满正能量的一面，为医护人员、无喉患者及其家属带去鼓舞。

无喉康复志愿者们在病房中的呈现与笔者在以往文献资料中得到的和在日常生活经验中看到的现象是不一致的。他们在正能量的呈现方面超出了笔者以往对双重身份属性障碍者的认知范围。在运用社会模式加以考察时发现，仅仅用大众污名和自我污名机制并不能完全解释和全面呈现无喉康复志愿者的日常生活。他们的日常生活全貌是怎样的？在不同的场景中他们会如何策略性地进行自我呈现？这都需要笔者继续深入他们的日常生

---

① 喉部是人体的重要器官之一，与人类发音、呼吸、保护、吞咽等重要功能息息相关，喉部病变产生的机能障碍直接影响到个人的日常生活及生存质量。喉癌是头颈部常见的恶性肿瘤，其发病率约占全身肿瘤发病率的 3%，在头颈部肿瘤发病率中位居第二，在耳鼻喉恶性肿瘤发病率中占 11%～22%。

活做进一步的观察。

（一）残障的社会模式

英国的 Michael Oliver 在 20 世纪 80 年代提出了"身心障碍社会模式"。身心障碍社会模式强调"损伤"与"障碍"的相对性和社会脉络的重要性，并借由揭示身心障碍的"非生物决定"与社会建构的面向来凸显身心障碍作为一种社会压迫的形式（Morris，1993）。

身心障碍社会模式强调作为社会问题的障碍，是社会压制的结果，涉及的是残障者的集体认同，强调的是个体和集体的相互责任，必须依靠资助方式，通过社会行动来消除歧视、摆脱控制，追求的是自己所能够选择的生活，最终倡导的是实现社会改变，而非仅仅要求残障者去实现个体适应（杨锃，2015）。身心障碍社会模式是把社会性的障碍视为问题所在。同时，寻找根本的政治与文化的改变以提供解决办法。

身心障碍社会模式对身心障碍者的个人认同、支持体系以及障碍者权利论述都有深远的影响，是对健全者中心主义下个人模式的一种挑战和回应，建立在"人与环境互动"的理解基础上，认为所谓的残障感是社会压迫的产物，生理上的损伤并非问题所在。尤其是，健全者中心思想似乎已经成为人们思考残障相关议题的一种本能。环境因素带给残障者可能发生的社会问题，并使他们产生一些社会退缩行为。反之，当残障者处于有利的社会环境中，能够得到相应的尊重和认同时，就能形成小众群体的凝聚力和积极的一面，情形也将发生改变。

（二）研究方法

本文采用质化研究的方法进行，通过半结构式访谈、焦点访谈、实地参与式观察等方式深入描述无喉康复志愿者在日常生活中的不同呈现面向，并探讨不同情景间的相互联系和内在动力机制。

本文以 WG 医院"XSY 好友会"的无喉康复志愿者作为样本的主要选取范围。XSY 好友会由无喉康复志愿者及医护人员组成。其中，共有 15 位无喉康复志愿者，笔者在与他们的互动中，尊重了一些无喉康复志愿者不愿接受访谈或因发音非常不清晰而无法接受访谈的选择。共收集了 8 个无喉康复志愿者访谈样本，占 WG 医院该群体的半数以上。访谈对象的基本信息如表 1 所示。

表 1　访谈对象基本信息

编码	称谓	性别	年龄（岁）	患病年数（年）	发声情况
A	ZMH	男	62	15	较清晰
B	FZJ	男	60	7	较清晰（电子喉）
C	ZJZ	男	65	13	较清晰
D	GB	男	52	10	较清晰
E	CXL	女	55	7	不太清晰
F	CY	男	72	15	很不清晰
G	GCH	男	69	10	不太清晰
H	LL	男	68	7	很不清晰

三　一体多面的日常生活呈现

日常生活是人们诠释事实、呈现自身,并且在生活中的人看来是具有意义和一致性的世界（Berger & Luckman,1991）。无喉康复志愿者日常生活实体的构成,是他们身处的"此地"及他们所呈现的"此刻"。无喉康复志愿者因丧失言语功能而具有一级残障者的身份,这一身份并不妨碍他们自主安排生活的能力。他们进行社会互动的场所主要包括家庭、医院、康复俱乐部等,日常生活也是在这些场所的不同情景中得以展现。

（一）排斥与融合共存的家庭生活

1. 与家人间的互动变少

其实和老婆及家里人的交流没有以前多了。(A,20170926)

以前他们说我话很多,特别多。现在我说话少了,自己讲话都讲不清楚还说什么。(B,20171013)

就是这样的,像我们家里在饭店吃饭,我们是最安静的。为什么?大家都想说话轻一点儿。我用电子喉的,我也就不想说了,能说就说,不该说就不说了。拼命吃,(我基本上)听别人说,所以我们吃饭是最安静的。(C,20171126)

　　受访者尽管学会了食管发声，身体机能趋于"正常化"，具备和家人交流的条件，但是他们表示，生病之前会为了拉近与家人之间的亲近感，愿意"没话找话"以达到和家人交流的目的。但是术后，他们和家人之间的互动普遍减少，大多数情况下他们是家庭中最安静的人。

2. 介意发声时的冷暴力应对

　　　　像我们这种人讲话，最忌讳的就是，"你说什么我听不懂"，最忌讳。如果他这么一说，我就不讲了。我觉得我已经说清楚了，他们还是没懂，他们听不清我就不愿意再说了。我会很生气，就不说了。（D与F与G的谈话，20171126）

　　　　不要讲了，没完没了哇，讲的十句话，我们一句也听不懂。那我就不愿意再说了。（B，20171013）

　　　　生病之后得到家里人更多的关心。现在也一样。我身体好的时候，（他们）不一定关心（我）。我感冒了，还有像今天这样子，天气不好，这几天咳嗽、流血。他们就说"赶紧去医院看呀"。（D，20171206）

　　尽管能感受到家人对他们流露出的爱意。但当家人不能明白其食管发声表达的意思，进一步追问时，他们会生气，采取冷暴力的应对方式；家人一旦流露出不耐烦的情绪表征就会伤害到他们的自尊心，让他们有"毕竟不是健全人"的感觉，从而产生退缩性行为，搁置问题。

（二）深层自我排斥：原有朋辈中的回避者

　　无喉康复志愿者原有朋友圈在慢慢缩小，与原有朋辈间的交际互动也在不断变少。发声的不方便使他们自身被迫退出与朋辈的交往，因而以往朋友圈在不断缩小。

　　　　变化了，总归两样了。（现在与）以前的人交流得少了，越来越少，因为讲话总归不方便。（A，20170926）

　　　　朋友越来越少，朋友圈越来越小，少了不止一星半点。几乎没有

了，没交流了。朋友越来越少。（D，20171208）

1. 担忧痰液排泄

　　不要说单位，现在，小学同学聚会、中学同学聚会，有几年一次啊？一年一次啊！开始我还去了两次，嗯，因为后面讲话不方便，这是其一。二呢，就是，我动不动不舒服，我是要吐痰的，人家在吃饭，正高兴呢，我一吐痰，搞得人家也很不舒服。就再也不来了。人那，也要自知一点，这个人家是不乐意的。这个能怎么办呀！其实说难听一点儿，我们生活上真的是很不方便。（B，20171013）

和以往朋辈互动的场合大部分是各类聚餐。无喉康复志愿者在切除声带后，自己很难控制气切口痰液的排泄。这种无法控制的生理反应可能会带来外界嫌弃的眼光，从而使他们产生尴尬、扫兴情绪，继而不愿再出席类似场合。

2. 退出原有朋辈群体

　　你要记住一点，朋友是要交流的，我们没有交流，朋友就越来越少，越来越少。我们不能打电话。我们交流，在公众场合不说话，即使说，人家也听不见。所以一点点，一点点就没有朋友了。（D，20171206）

　　再说，我们以前同事在一起，大家都是无话不讲的。现在总归有观念的不一样，没办法讲一句话。如果碰到争执的时候，你一句话还没讲出来，他们已经讲完了。你讲什么呀？没办法讲的。（F，20171206）

食管发出的声音是嘶哑的，声音分辨率也比较低。在过于嘈杂的场合，这种声音很难被听清楚。在聚会场合，食管发出的声音很容易被淹没在嘈杂声中，朋友们很少把聚焦点放在"嘶哑且难以听懂"的声音上。另外，用食管发声相对来说要耗费更多体力。大多数情况下无喉康复志愿者还未表达完自己的观点，其他人就已经回应了很多句。于是产生不被倾听、没有说话的余地、被排斥在朋友圈外的感觉。

3. 有意识划分正常与异常

我们这些人讲话需要练习。可你们讲话叭叭叭，就可以讲很多，我一句还没讲完，你们七八句都讲了。我还讲什么呀？所以跟正常人交流，时间长了，总归我自己心里是不舒服的。（A，20171126）

跟同事、朋友讲话少了，因为时间长了，轮不到你说话了，也失去了信心。（A，20171206）

我们的病开好刀后，就变成残疾人了。（D，20171206）

对无喉康复志愿者来说，尽管可以学会发声，却处在一个被区隔出正常和异常的场景。不清晰的发声让他们的自信心受到极大打击，在和以往朋辈交流的过程中，自身会不断制造不是"正常人"的异样感，导致他们情绪低落，产生较低的自我评价。

（三）公共场合中的沉默者

1. 遮挡气切口

我们出去旅游，空气很好，都拿掉的，人多了就戴上。一种是空气不太好，还有就是，有种好像被当成猴子看的感觉。对吧？回头率很高。他们觉得我们很奇怪呀。（A，20170926）

像我们这种病，我最讨厌的是这个地方（刀口），我不可能这样出去，在家里可以敞开，出门去，我戴一个这个（玉佩），要不然人家都会看你，会拿异样的眼光看我们。（D，20171206）

做了气管切除手术后，为不影响呼吸功能，就必须从喉部再开一个气切口以保证吞咽和呼吸的功能。该气切口从外观上呈现到众人面前的是一个不美观的洞，从而为无喉康复志愿者带来外貌及形体上的困扰。他们外出时一般会采取遮挡措施，如戴玉佩、遮挡布或是将衣服拉链拉至最顶端，以此避开他者"害怕、惊呆、奇怪"的异样眼光与公共场合的高回头率。

无喉康复志愿者认为遮挡是一种有益自身的方式。可以看出，他们比较注重身体外形，遮挡是回避外界带给他们自卑情绪的一种策略性手段。

2. 在意痰液排泄

> 真的，有时候是身体反应，生了这个病以后要面对人家的歧视。（A，20171013）

> 我吃的是这种药，在外面的时候吃几颗，想咳的时候压一压。（F，20171126）

> 我到现在还是会嫌弃自己。因为自己经常要咳，有时候自己也控制不住，自己对自己都很嫌弃。（E，20171206）

痰液的排泄对他们来说是一种无法控制的身体反应，他们很在意这种生理反应，有人会用具有止咳效用的药物压抑自己的咳痰行为。一旦咳痰，就会引起别人嫌弃的眼光和议论。其他人觉得恶心或用歧视的眼光看他们对他们来说是一种打击，甚至由此而产生自我嫌弃。

3. 尽量避免发声和互动

> 你看我们现在这样讲，真的，我平时在外面都不大讲话的。回头率太高，我一讲话，他们就都回过头来看。（A，20171013）

> 在公共场合我们基本上都不说话。我们声音的分辨率太低了。（B，20171013）

> 不尊重。他们觉得"你不要讲了"。（B，20171013）

> 反正一晃也几十年过去了。一旦到了社会上，心情肯定不好。（D，20171206）

> 你来我们很开心，我们这种人在外面说话没人听的。（F，20171206）

无喉康复志愿者认为自己在社会场合无法实现和他人的完全交流。嘶哑且不清晰的食管发声会引来侧目，外界的关注让无喉康复志愿者觉得自己异于常人。另外，嘶哑声音的低分辨率使他们讲话难以被听懂，其他人的不耐烦等反应都会对他们造成打击。

> 就是有一条，在大庭广众下，你说话，所有的人都会朝你看的。怎么这家伙是奥特曼吗？是机器人？但是这一条已经在慢慢习惯了。一个是该说的就说，但是尽量会少说，不要引起人家对你的关注。能不说就不说。（C，20171126）

> 对呀，像我们今天坐地铁，上去就不讲了。（G，20171126）

于是，他们在地铁上或公交车上尽量避免说话，以消除因声音引起外界关注的一切因素。甚至面对问路的行人，他们更愿意用肢体语言去传递信息或拒绝回答，以避免麻烦。他们已经习惯在公共场合成为沉默者的状态。

（四）生命意义的重新获得：康复志愿者

在医院场景中，无喉康复志愿者每周有固定的病房探访活动，也会在医院食管发声基地（语言训练室）帮忙，陪伴无喉患者练习食管发声。同时，他们也会受邀参与医院的部分表演活动。

1. 病房探访

> 我鼓励他们，我们和你们一样，也是做了全喉切除手术的，但是通过学习食管发声，现在我也能够开口说话了。（A，20170926）

> 像我今天在病房那边探访，就跟他们开玩笑，（这样就）有一个融洽的气氛。心态也能好一点儿。关键心态要好。（B，20171013）

无喉康复志愿者在病房中乐于和患者及家属互动。主动与患者分享自己的疾病经历；他们认为好的心态有益于调节身体状态；会劝慰家属多理解并包容患者暴躁、易怒的不良情绪；同时，向患者宣传切除声带并不可怕，术后也可以开口说话的观念。他们向无喉患者传递出乐观的情绪及正能量的一面，鼓舞患者与疾病做斗争。病人也从他们身上获得希望与力量。

2. 探访后的食管发声基地

病房探访后，无喉康复志愿者回到食管发声基地，享受美好的集体午餐时光。一起喝酒、聊天，不会顾忌自己气切口的外观，不会刻意压抑自己痰液的排泄。用自己嘶哑、不太清晰的言语谈"工作"（医院的活动）、聊生活中的家长里短。互相间开玩笑，关心彼此的身体状况，气氛轻松愉悦。

3. 医院各类表演活动

医院有部分宣教类活动，会邀请无喉康复志愿者们参与其中表演节目。如为庆祝医院社工部成立，无喉康复志愿者前后 6 次积极地参加歌曲排练；积极参与社工部开展的针对喉癌患者的小组活动；表演诗朗诵，并分享自己的疾痛经历，用自己学会食管发声的事迹去鼓舞无喉患者；新闻坊助力志愿节目在医院拍摄时，社工部也邀请到无喉康复志愿者，拍摄他们表演节目、开庆生会的场景。他们脸上洋溢着自信的笑容，展现出坚强、努力、乐观的一面。

（五）S 市癌症俱乐部的活跃者

1. 俱乐部旅游

> 下个星期也有事，还要出去旅游，下个月要出国旅游。下星期到江苏去，下个月是去柬埔寨、越南那边。（A，20171126）

> 我们一个团队呀。都在一起的。我们的人一起喝酒、打牌，自己开心。（A，20171206）

> 我们照了好多照片，我都传到朋友圈了。（F，20171126）

旅游是 S 市癌症俱乐部每年的常规活动，这些无喉康复志愿者已经到过国内外不少旅游胜地。他们很享受旅途中的时光，在旅途中一起打牌、喝酒、聊天，还拍照发朋友圈。群体内的所有互动让他们觉得放松、快乐，他们也乐于参与此类活动。

2. 参与表演节目

他为什么这么开心，参与俱乐部表演节目，表演节目就上电视台了。（A，20171126）

无喉康复中心在 S 市癌症俱乐部里面，说心里话，他就是最响应的一个。16 号到了北京，演了两场。有中央电视台等六七家媒体都在现场，就是说 S 市癌症俱乐部举办了这次活动，很成功。我很开心。（B，20171126）

S 市癌症俱乐部也会组织一些表演类节目，喉癌俱乐部作为癌症俱乐部中的一个小单元总会积极响应，积极参与癌症俱乐部的各类活动，并且利用此类机会将自己积极、乐观的一面传递给大众。

（六）媒体上的励志者

老张的言传身教给了老徐莫大的鼓舞，眼前这次庆生会可以说是全部喉癌患者的汇报会，他们要用歌声感谢医生，感谢志愿者。（新闻视频转录，志愿陪伴学语言咽癌患者又说话。2017 - 08 - 11 20：13：32）

媒体塑造出了无喉康复志愿者都是励志、正能量的形象，这恰恰也表明无喉康复志愿者乐于在媒体中展现出自己刻苦学食管发声、战胜喉癌和在无声世界里乐观的一面。在生活态度上积极、乐观，在人生价值上倡导乐于助人，不忘回馈社会，呈现到大众面前的是希望与新生命。

在家庭、原来朋友圈及公共场合，无喉康复志愿者产生被排斥感和退缩行为。然而，在医院和俱乐部场合中，他们会做出不畏污名、乐于为其他患者及社会提供激励力量的一系列行为，并创造出社会价值，实现自我价值。在不同情景中不同面向的展现拼凑出了无喉康复志愿者日常生活中的全貌。

四　日常生活的多重面向与社会排斥的消解

无喉康复志愿者面对不同的空间呈现完全不同的面向。一方面产生各种退缩性行为，同时，又展现出自主、能动的一面，极具张力。笔者将五个空间中的场景大体分为群体内场景和群体外场景两大类，群体外场景包括家庭、原有朋辈圈、公共场合；群体内场景包括医院和癌症康复俱乐部活动场景。根据群体内外场景两种划分去探索无喉康复志愿者在不同场景中多面向的动力机制。

（一）群体外的感受：异样与被排斥

健全者中心主义认为残障就是生理上的缺陷，是个人问题、个人悲剧。他们对"正常"与"异常"的概念区分特别明显，认为没有残损且具有活动与社会参与能力的状态是一种"正常"状态，而残障是一种"异常"机能（鲍雨、黄盈盈，2015）。这种歧视或偏见，已渗透在一些人的思想里，让他们有许多假设、标签、态度以及行为。其至在建设环境时，都会不自觉地透过言语和行为表现出来。很多形式上对残障者的歧视成为一种对残障者的经验的理解。

> 他们看着我们会害怕，（我们）能不自卑吗？（D，20171208）

> 介意，我不介意我就敞开了，也不说戴个玉佩挡一挡，这个肯定介意，你有这个洞，回头率太高。还有一个，（戴玉佩）对我们自己也有好处。现在有这个洞，不管怎样，对环境也有好处，人家看见你都是洞，怕都怕死了。（B，20171126）

> 我们这种人，除了家里真的是有这种人的，他们才会注意一些，才能懂。很多人他们觉得，讲话不正常。你不会讲话，不像我们这样能够正常地讲话，所以呢就会觉得很自卑的。那如果说你喉咙哑了，你可能就会有这种心情。但是对我们来说就是一种打击。（A，20171013）

喉部损伤的"非健全"性、食管发声的异常性、无法控制痰液的异常感成为无喉康复志愿者非健全的标志与烙印。正是这种损伤导致的异常、不健全，可能会让社会大众产生"恐惧、害怕"的眼光，这些反应无时不冲击着无喉康复志愿者们的生理感受。且在他们几十年的人生历程中，"正常""健全"才是身体唯一的状态，于是顺应社会主流的声音，他们将自己身体机能的缺损视为"异常"且是羞耻的；在不断的内化中，他们会对缺损贴上"异常""缺陷"的标签，形成"受损身份"的自我认同，进而影响到人际交往，形成异常的互动行为。源自社会的障碍感让无喉康复志愿者不得不在家庭中变成沉默者，不断退出原有的朋辈群体，在公共场合成为一个沉默者。

与欧文·左拉当年所遭受的环境类似，无喉康复志愿者接受永不停息的训练，追求着恢复"健全"功能的梦想，时刻勉励自身要比健全者努力，以获得社会承认。喉癌患者也面临着同样的处境，在通过学习食管发声追求着康复、健全的同时，也因无法达到"正常"人的声音而被一些非残障人士用异样的眼光看待，从而无法获得被倾听需求的满足。他们受到二次伤害后放弃说话的权利，不断退缩，无法参与群体外的主流生活。于是，他们渴望被认同，追求群体内的情景和生活。

（二）群体内场景：群体认同与自我实现

身心障碍社会模式这个新"范式"涉及的正是一个基本的转变。由关注加载于某个人身体上的限制，转变为关注自然环境和社会环境施于某些团体或某几类个体的限制（奥利弗，2009）。障碍是社会压制的结果，而健全者中心主义的意识流不断冲击着无喉康复志愿者的观念与意识。在强调社会压制的同时，集体认同、个人的自主选择、个体和集体的相互责任也是身心障碍社会模式中的重要元素。

群体内的场景包括医院和俱乐部两大空间，无喉康复志愿者乐于在这两大空间展现出自己积极、正能量、自在放松的一面。在群体内他们能够获得认同与价值感，也乐于参与这些情境下所组织的活动。

> 这个我跟你说，我是亲身体会，如果不是他们能讲话，我都不知道这里能学讲话。这种心态大家都有，我都学会了，为什么不去帮助别人呢？我自己不会讲话，这种痛苦我知道。（E，20171126）

在病房探访中，自身的疾痛经历让他们产生同理的心理，于是他们主动选择成为探访志愿者的一员，用自己积极向上的一面为住院喉癌患者提供一些正能量的支持。

> 到这里来。都是新的病人，他自己也不会讲话，首先他看到的是

我是老师，我是会讲话的。反过来，他的家属也会说我们讲得也很好，也很清楚，但是在社会上，没有一个人说我们这种人讲话讲得好。（D，20171126，）

在病房探访时，他们会和无喉患者进行下行比较，得到心理上的平衡和安慰，产生比较性的慰藉。进而把群体遭受的消极的心理转变成继续服务、助人的动力。

为什么我这么多年能够坚持在这里？我也有私心的。在社会上没办法跟别人交流的。只有在这个地方，医生知道我们的病，护士也都知道。这里的病人也需要你，我是被尊重的。（A，20171206）

在这里，人家重视你，走到哪里，他们就跟到哪里。你就会觉得自己还有用。在这里，我的有用的价值就体现出来了。在外面谁理你啊？（B，20171126）

医院提供足够的空间呈现他们的价值感，患者和家属及医护人员对他们的需要，让他们感到自己是重要、被尊重、有价值的。无喉康复志愿者在医院进行自我心态的调整，于是在群体外遭受到的排斥感会暂时被消解，相似疾痛经历产生的同理心、下行比较产生的慰藉及他们在别人的认同声中获得的价值感，慢慢让他们的自我认同感不断加强，感受到成就的力量。生理上的损伤与障碍不再是个人的限制，而是体现个人价值的一种标志。

那么对我来说，我觉得我是有讲话的权利的。可是在社会上没办法，根本轮不到我讲话。所以有这种心理。在这个地方，我能够持久下来。这个原因。说大道理是怎么怎么样，但是自己的小算盘却也是有的。（A，20170926）

是心情好，所以说我第一个要感谢的是 S 市癌症俱乐部，搭建这个平台，第二是 WG 医院，也有这样的平台。（B，20171126）

反正是两个部门。缺了哪个，都不行。（A，20171126）

医院和 S 市癌症俱乐部举办的表演类节目具有相似性。无喉康复志愿者会积极配合此类表演节目，以自身战胜疾病的经历鼓舞到无数的喉癌患者和社会大众，正能量的展现让他们觉得自己不是"可怜"的，而是体面的。同样，在这些表演类场合他们被理解、被倾听，讲话、被尊重的需求得到满足。于是，他们愿意持续参与到类似的表演中，并且呈现励志、积极的一面。

像我们出来做做义工、做做志愿者帮帮人，朋友之间交流交流，喝喝老酒，不就是个快乐人生嘛。如果一个人连讲话的人都没有，一直闷在家里，不是很孤独吗？（C，20171206）

食管发声基地是属于无喉康复志愿者们的空间，在这里，他们拥有志愿者老师的身份。这是一个平等包容的场所，他们有相似的经历与遭遇，群体内生活协助他们感到自己不是唯一遭遇异样感、被嫌弃的人，让他们有机会去听取其他成员对类似问题的考量。基于同理心和无喉康复志愿者彼此间的理解和认同，大家能够彼此互动，分享不同的意见和观点。并彼此帮扶相互劝慰尝试以社会能接受的方式重新面对生活中遭遇的问题。

我们来很开心，他也很开心，大家都很开心。他们都来，他也叫我，我也乐意来。（F，20171126）

群体生活是无喉康复志愿者基于人际交往的吸引力或相互察觉到的需求而自发聚集在一起，这是他们自主选择的结果，不以实际年龄排列大小，而以手术后新生的年龄排列大小，类似于一个小家庭，共同的身体特征和疾痛经历让他们在群体间的场景得到连接。在社会中被排斥、具有残障身份的被歧视感也在此得到消解，不被主流社会接纳的烙印在群体中被移除。彼此间带来鼓励和关怀及一些有效的资源，相互帮助灌输新的希望，形成相互的肯定和支持。

真的很好，起到了这个桥梁作用。大家一起出去能够互相尊重，说你看不起我，我看不起你，（这是）没有的。（E，20171126）

大家在一起没有什么嫌弃，不像在外面。(F，20171206)

旅游是纾解负性情绪的一种方式。无喉康复志愿者在旅游中更容易形成群体认同感，此时此刻的他们生活在一起，处在同样的情景中，要共同面对不断变化的事情，类似于食管发声基地的情形，在平等、尊重、快乐的群体氛围中，群体内的依附与连接也不断得到加强。

无喉康复志愿者在群体内场景中会表现出积极乐观、更加自在的一面，他们乐于参与群体内的各种活动。这些活动能够让彼此不断加深理解和认同，他们能够获得自己需要的资源；被主流社会所排斥、嫌弃与不被接纳的烙印也被移除；无喉康复志愿者可以自由表达情绪，其各类需求得到满足。群体内的互动与活动为无喉康复志愿者带来极强的归属感和群体认同，在群体的认同中，社会支持网络也得以建立和强化。

五　结论与讨论

综上，可以看出无喉康复志愿者作为罹患过喉癌的群体，深受健全者中心主义的影响，在群体外场景产生退缩性行为，无法很好地参与社会。反之，身心障碍社会模式的萌芽也让他们自主追求，在群体内场景中彼此鼓舞，不断加强集体认同感。于是他们愿意参与群体内的活动，寻求获得群体认同和相互支持。无喉康复志愿者面临许多问题，实际上是因为大众把无喉者的"残疾"当作个人缺陷而非社会缺陷，如果只是单纯地"头痛医头，脚痛医脚"，而不理解无喉患者所面临的个体处境与日常生活，那么这依旧是从个人模式的角度去观察类似人群的处境。

社会工作者只有深入无喉康复志愿者这一群体中，近距离观察此类人群日常生活的各个面向，才能关注到他们在不同场景中的不同呈现，并且理解他们在不同场合下表现出看似极具张力的行为和态度，这种行为和态度背后所表达的却是他们想要获得各类需求满足的渴望。

基于此理解，在建立良好的专业关系和接纳他们的基础上，社会工作者应以平等的姿态真正了解这类群体的特性和需求后，作为增能者和陪伴者，协助他们完善现有的群体内支持性网络。同时，进行意识层面的倡导，让无喉康复志愿者自身及整个社会逐渐意识到残障者所感受到的压迫感并非由身体的损伤带来的，而是社会环境和健全者中心主义的观念。在这一观念下，身体的残缺常常被建构成个人悲剧，社会建构的障碍感才是这类群体感受到社会排斥的根源性问题。个人的即社会的，无喉康复志愿者境遇的改善也是社会大众境遇的改善，在这个倡导人人平等的现代社会，每一个公民都有权利共享社会发展的成果，参与到主流社会生活中，不受排斥。因此，社会工作者需要调动无喉康复志愿者自身的积极性，为他们的需求发声。因为无喉康复志愿者的生活质量要有进一步提升，仅靠个人自我增能和自身意识的改变是远远不够的，还需要整个社会环境的改变。在社区层面和政策层面进行社会倡导就显得尤其重要。

参考文献

阿瑟·克莱曼，2010，《疾痛的故事：苦难、治愈与人的境况》，方筱丽译，上海：上海译文出版社。

Berger，P. L. & Luckman，T.，1991，《社会实体的建构》，邹理民译，台北：巨流图书公司。

鲍雨、黄盈盈，2015，《从偏差到"体现"：对"残障"意义的社会学理解》，《北京社会科学》第 5 期。

丁瑜、李会，2013，《住院康复精神病人日常生活实践中的充权：一个广州的个案研究》，《社会》第 4 期。

戈夫曼，2009，《污名：受损身份管理札记》，宋立宏译，上海：商务印书馆。

迈克尔·奥利弗、鲍勃·萨佩，2009，《残疾人社会工作》，高巍、尹明译，北京：中国人民大学出版社。

徐岩，2017，《住院精神病患者污名化下的身份抗争》，《广西民族大学学报》（哲学社会科学版）第 5 期。

杨锃，2015，《残障者的制度与生活：从"个人模式"到"普同模式"》，《社会》第 6 期。

杨锃，2018，《"正常化"视野下公共性建设之探索——基于城市社区无障碍设施的利用与改善》，《华中科技大学学报》（社会科学版）第 2 期。

于莲，2018，《以可行能力视角看待障碍：对现有残障模式的反思与探索》，《社会》第 25 期。

Corrigan，P. W.，Kerr，A. and Knudsen，L. 2005. "The Stigma of Mental Illness：Explanatory Models and Methods for Change"，*Applied and Preventive Psychology* 11.

Morris，J. 1993. *Independent Lives? Community Care and Disabled People.* London：Macmillan.

都市社会工作研究　第 7 辑
第 64~80 页
© SSAP，2020

从年少无声到少年有行：武术提升听障
儿童抗逆力的行动研究

文薇薇*

摘　要　听障儿童普遍存在身体自尊偏低、交流能力欠缺、社会化能力缺失、认知能力较低等问题。本文以 S 市 L 康复中心的 10 名听障儿童（4~6 岁）为研究对象，运用行动研究的方法，通过优势视角，发现听障儿童在身体协调性、形象记忆力、观察能力和模仿能力上具有相对优势，因此，提出设计武术小组工作的行动方案，利用赏识教学法、参与式教学法、行动教学法、情景教学法以及家校联动模式，充分利用听障儿童的外部支持因素（"I have"），如关怀支持的环境、清晰的规则等，内在优势因素（"I am"），如较高的身体自尊、自豪感和自信心等，以及效能因素（"I can"），如沟通表达能力、问题界定能力等，最终达到提升听障儿童抗逆力的效果。

关键词　听障儿童　抗逆力　武术小组工作　行动研究

一　问题提出

（一）研究缘起

我国是世界上听障儿童最多的国家。2006 年第二次全国残疾人抽样调

---

*　文薇薇，上海大学社会学院社会学系在读本科生，主要研究领域为残障社会工作、青少年社会工作等。

查显示，我国听力语言残疾人有 2780 万人，其中 0～6 岁的听力残疾儿童约有 13.7 万人，每年新生聋儿约 2.3 万人。近年来，我国对残疾人的保障工作越来越重视。2016 年，国务院印发的《"十三五"加快残疾人小康进程规划纲要》明确指出，要完善残疾儿童康复救助制度，逐步使 0～6 岁视力、听力、语言、智力、肢体残疾儿童和孤独症儿童得到妥善治疗，并逐渐建立康复训练干预体系，提高我国残障儿童融入社会的适应程度。次年，十九大报告提出"幼有所育"和"弱有所扶"两大新观点，"幼有所育"饱含了对少年儿童的倾情关爱，"弱有所扶"则体现了对困难群众的深情关怀，而听障儿童也是"幼"和"弱"的集中表现。

从医学角度解释，造成听力障碍的原因可分为先天因素和获得性因素两类。听障儿童因先天因素或过早地触发获得性因素而听力出现不同程度的衰弱，在尚未形成自我意识和独立自主能力时便与外界隔离，听不到或者听不清周边事物的声音，从而导致听障儿童相比于其他听力障碍者更容易出现性格多疑、胆小自卑、孤僻、怯懦、压抑、缺乏安全感等一系列心理问题，严重影响听障儿童的日常生活，甚至阻碍其正常成长。所以，听障儿童是我们必须关注的弱势群体，提高听障儿童抗逆力势在必行。

（二）文献综述

抗逆力是指个体（或组织）在逆境中克服困难，展示积极适应逆境的能力（刘玉兰，2011）。抗逆力不是个人拥有或者是个人不曾拥有的特征，而是被当作人的生命周期中可以得到提升的健康发展的正常部分，是一个动态的过程（杜立婕，2007）。儿童抗逆力可以指儿童在逆境中依靠自身和环境系统的资源或优势，克服困难，展示积极适应结果的能力（刘玉兰、彭华民，2012）。近年来学界对儿童抗逆力的研究范围十分广泛，如李翠苓（2012）以 T 市 F 村的五名留守儿童及其目前监护人为研究对象，在分析留守儿童优势特质的基础上，尝试探讨基于优势视角的社会工作介入农村留守儿童服务的理念、过程与方法，为留守儿童提供适当的专业服务，帮助他们解决留守中的困难和问题。裴小茹（2012）在上海市 MH 区 X 学校通过个案辅导解构问题、小组介入重建自我认知、社区联合增进社会认同的方式最终建立起个体的抗逆力。但是我们不难发现，现有关于儿童抗逆力的研究主要集中在留守儿童、流动儿童、外来务工子女、吸毒家庭子女、单亲家庭子女等领域（何姗姗，2018），对听障儿童抗逆力的研究少之又少。

与此同时，国内对于听障儿童的研究则多集中在心理学和教育学方面，主要探索听障儿童的心理状况与认知能力。例如张福娟、刘春玲（1999）以特殊儿童人格诊断量表为工具，对上海地区 303 名听障儿童个性进行评定，发现听障儿童在社会性、自卑感、未成熟、适应性等方面与听力健全儿童存在显著差异。李珂珂（2010）对近几年关于听障儿童心理健康的研究进行综述发现，听障儿童存在以下问题：心理健康状况整体不佳；自我评价方面，存在自卑倾向；情绪、情感体验方面，存在孤独体验；人际交往方面，存在程度不同的对人焦虑。钟毅平等（2006）以配对比较的方法，通过观点采择、个性特征认知、故事复述等社会认知能力测验，考察听障学生与正常学生的社会认知能力差异，结果表明，在智力、年龄相同的情况下，听障学生的社会认知能力发展明显比正常学生迟缓，且这种迟缓与其社会互动经验的缺乏有关联。通过这些研究结果，我们可以明显发现听障儿童在心理和认知方面存在的缺陷和不足，从而推断听障儿童面临的困难和所处的困境，但这些研究也表现出实务性工作和研究在听障儿童领域的缺失。

综上所述，虽然当前对儿童抗逆力和听障儿童的研究有很多，但是在文献梳理中，笔者发现，对于儿童抗逆力的研究基本上忽视了听障儿童这一群体，而对于听障儿童的讨论也常常停留在认知能力与心理状况层面，从而造成有关听障儿童抗逆力的研究处于匮乏状态。

基于以上问题，本文采用行动研究的方法，以 S 市 L 康复中心的 10 名听障儿童（4～6 岁）为研究对象，深入探讨听障儿童面临的风险与挑战，制定适合提升听障儿童抗逆力的策略并开展实务工作，在此基础上，对提升听障儿童抗逆力的服务进行经验总结与反思，寻找提升听障儿童抗逆力的可行方法与路径，希望丰富对听障儿童抗逆力这一领域的研究。

二　听见你的"声音"：问题界定与策略制定

听见你的"声音"，即去倾听、发现听障儿童面临的风险和困境，找到其缺点和不足，同时关注听障儿童存在的亮点与所长，发掘听障儿童的优势与潜能。将问题视角与优势视角①结合起来，聚焦听障儿童"出了什么问题"、"具有什么优势"以及社会工作者"要做什么"等方面，发现听障儿童的脆弱性和闪光点，制定行动策略，从而帮助听障儿童摆脱风险，发挥潜能。

（一）问题陈述与界定

通过调研走访 S 市 L 康复中心，观察听障儿童日常生活及与特殊教师、相关工作者进行访谈、交流，并结合相关文献资料，笔者将听障儿童面临的逆境事件分为身体自尊偏低、交流能力欠缺、社会化能力缺失、认知能力较低（见图 1）。

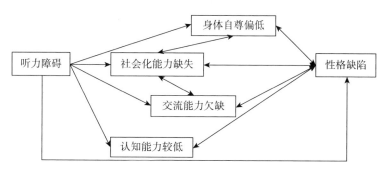

图 1　听障儿童面临的问题及关系

1. 身体自尊偏低

身体自尊是指与社会评价密切相关的个体对自我身体的不同方面的评价，即个体对自我身体各方面评价后所产生的满意或者不满意感。听障儿童由于先天性或获得性原因导致听不见或者听不清的听力残疾。相比于其他困境儿童，听障儿童存在明显的身体问题，造成对自己身体的满意度下降，身体自尊偏低。

---

① 优势视角强调案主身上的"闪光点"，发掘案主身上的潜力，培育、鼓励、协助、支持、激发、释放人们内在的优势，通过案主自己的力量来解决问题；问题视角建基于对人的被动理解上，认为案主是"无能者"和"无用者"，强调案主的脆弱性。优势视角提出前，传统的问题视角一直饱受质疑，而在优势视角提出后，其更是被人们所抛弃，但童敏（2013）认为优势视角的理论基础源于人本主义，根植于西方启蒙运动推崇的基本理念，它本身不仅无法避免强势人类中心主义和工具理性的盛行，而且忽视了人的生活总是面临某种问题这一事实，而问题视角正好弥补了优势视角这一不足，把关注的焦点放在问题解决的过程上，所以在社会工作实务过程中，应注重运用问题和优势相结合的平衡服务。

听障儿童一般佩戴人工耳蜗和助听器，人工耳蜗就是在耳后开刀，然后把刺激器放进去，从外面看就是一个吸在头上的外机，助听器就是放在耳朵上的，所以一般从外表上就可以区分是不是听障儿童。（W老师）

身体自尊是自我价值和心理健康的重要构成部分，许多专家都提出这样的主张"你感觉自己是什么样子，你就是什么样子"（you are what you feel）（李俊，2010），所以较低的身体自尊也是造成听障儿童自卑、抑郁的重要因素。

2. 交流能力欠缺

除了听力上的缺陷，听障儿童还面临语言的障碍。对于先天听障儿童来说，他们很难在无技术设备的支持下学习语言，而即便有技术设备的支持，他们也很难像正常人一样获得外界清晰完整的声音；对于获得性听障儿童来说，由于没有长期接触声音、模仿和使用语言，他们常常存在构音异常、声音异常、节奏异常等问题。

L康复中心有几个孩子讲话比较模糊，和他们说话一般都需要有熟悉他们的同学或者老师进行"翻译"，（我们）才可以听懂，（他们）就像 1 岁多刚学会说话的时候，表达不清楚一样。（L社工）

语言障碍很可能让很多听障儿童逐渐从"听障"变成了"聋哑"。听障儿童所面临的压抑、孤僻、多疑、怯懦等问题，与其沟通交流和自我表达机会的缺失有很大关系。

L康复中心的孩子可以分为两类吧，一类活泼，（另）一类安静，活泼孩子的听力水平一般比安静孩子的听力水平高一些，课上表现也（更）积极一些。有时候会让听力不太好的孩子坐在前面，方便他们听清楚，但是他们表现得依旧没有那么积极，可能是性格已经养成了吧。（C社工）

3. 社会化能力缺失

社会化是个体在特定的社会文化环境中，学习和掌握知识、技能、语言、规范、价值观等社会行为方式和人格特征，适应社会并积极作用于社会、创造新文化的过程。社会化是人和社会相互作用的结果，但正如上文提到的，听障儿童因交流能力的欠缺阻碍了其与他人的交往，社会互动受阻，社会化能力缺失。

> 我记得有一个女孩，长得很漂亮，但是好像对什么都不感兴趣的样子，每次都低着头看自己的脚，我也没听过她说话，就算别的小朋友不小心碰到她，她也毫无反应。（Y 社工）

4. 认知能力较低

至于听障儿童的认知问题，听力是听觉系统接收声音信号的一种比较简单的能力，而智力是以抽象思维为核心的综合的认识能力，两者并无太大关系（韦小满等，1999）。但是苏永华（1991）和童长江（1988）的研究表明，耳聋和重听儿童的智力发展水平比同龄正常儿童低 2~4 岁，听障儿童还存在着认知问题。

> 听障儿童在概念界定上存在问题，经常对概念进行放大或者缩小，比如认为粮食就是大米，写字就是学习，而且有时候很难和他们解释一个概念到底是什么意思，解释很多遍也没用，他们对概念的认知就是这样。（Z 老师）

（二）发掘优势与潜力

虽然听障儿童存在身体自尊偏低、交流能力欠缺、社会化能力缺失、认知能力较低等问题，但在走访调研过程中，笔者发现听障儿童在存在问题的同时也存在自身的优势与潜能。

首先，显而易见，虽然听障儿童属于残障人士，但其肢体健康及协调程度等方面并不存在较大的问题，甚至身体协调性是听障儿童的一大优势。

> 听障儿童身体上不存在问题，他们在舞蹈课上表现得都很好，协调性都不差，有些手脚配合的动作，我们都做不来，但对他们来说都没啥问题。（W 老师）

其次，由于听觉刺激的缺损，听障儿童更多依赖视觉、触觉和动觉获得信息，所以听障儿童的形象记忆要好于话语记忆。听障学生明显的优势就是他们的观察能力和由此而来的记忆力（庞敬春，2015）。

> 听障儿童舞蹈动作的学习主要靠观察和模仿，在模仿的过程中不断强化记忆，他们一般学会了就不会忘记。不过模仿和记忆的过程和他们的专注度也有关系。有时候，他们心情好的时候，基本上模仿一次就学会了，但是一般都是三四次。（W 老师）

所以，尽管听障儿童因其听力障碍面临着多样的困境和风险，但是不能否认的是，他们有着身体协调性好、形象记忆好、观察能力强、模仿能力强的优势与潜能。

（三）制定行动策略

通过对听障儿童的问题和优势进行归类和分析，制定初步的方案。笔者选取武术作为社会工作介入方式，以武术课程为载体针对听障儿童开展小组工作，即武术小组工作。小组工作的设计如表 1 所示。

表 1　武术小组工作设计

问题	武术特点	目标	活动设计
身体自尊偏低	训练性	通过体育锻炼提高身体自尊	（1）武术动作学习 （2）集体训练和个人展示
交流能力欠缺	语言性	（1）形成规则意识 （2）提高沟通能力	武术游戏
社会化能力缺失	社会性	（1）礼仪形成 （2）道德意识形成	（1）武术礼仪的教学 （2）武德故事的讲解
认知能力较低	审美性	（1）对美的界定 （2）对自我的认知	（1）武术鉴赏 （2）点"赞"和夸奖

从听障儿童的优势入手，武术可以很好地体现和反映听障儿童拥有的优势和潜力。听障儿童较好的身体协调性以及对动作的观察能力和模仿能力，为武术学习和记忆提供了条件。同时，在武术学习与表演中，听障儿童在身体协调性、形象记忆力、观察能力和模仿能力上的潜力也会被不断挖掘和展示出来。

三 看见你的"力量"：服务开展与评估反馈

看见你的"力量"，即在问题界定和方案制定后，开展实务工作，帮助听障儿童面对问题、解决问题。在培育、鼓励、协助、支持、激发、释放的环境下，提高听障儿童在逆境中依靠自身和环境系统克服困难，展示积极适应结果的能力。

（一）寻求合作

在方案形成的基础上，笔者积极与 S 市 L 康复中心进行洽谈，在考虑时间、地点和人员稳定性等多方面因素后，最终达成合作意向，为 L 康复中心的 10 名听障儿童（4~6 岁）开展服务。并与中心老师共同讨论方案，确定小组活动的场地和设备由 S 市 L 康复中心提供，小组工作的实务过程，即武术课程、武德故事和武术游戏的策划与开展由笔者带领社工团队共同完成。

（二）执行实施

1. 武术小组开展形式

武术小组开展的形式、内容、作用如表 2 所示。

表 2 武术小组开展的形式、内容和作用

形式	内容	作用
项目制	2019 年 3 月到 6 月，每周定期开展一次活动	形成长效机制
模仿机制	社工把武术动作做出来，听障儿童跟着模仿	发挥听障儿童的优势和潜力，使其建立对自我的正向认知
一对一模式	对每个儿童的动作进行一对一辅导纠错	重复武术动作，强身健体、强化记忆，提高身体自尊
武德故事	社工为听障儿童讲武德故事，并带领听障儿童共同讨论故事背后的寓意和道理	形成道德意识和礼仪性，提高听障儿童社会化能力
武术游戏	社工带领儿童做一些与合作、沟通、创新有关的游戏	提高小组活动的趣味性，培养听障儿童沟通能力和合作能力
自助模式	将听障儿童分成 2 个小组，分别由社工带领，小组内部共同练习武术动作与基本功	组员之间相互交流、相互帮助，实现助人自助的目标

2. 多样教学法

（1）赏识教学法

环境因素对抗逆力形成有重要作用，很多人的抗逆力在人们对自己的否定、批评、不认同甚至责骂声中被泯没了，以至于没有显示出来，表面上看是丧失了抗逆力，实际上是生存的环境不承认他/她，更不用说发挥出他/她的优势（杜立婕，2007）。可见，环境是影响抗逆力的一个重要因素，环境在增加了人产生各种问题的可能性的同时，也提供了各种保护性因素。在武术小组中，社会工作者以尊重、信任、宽容、激励为原则，在小组教学过程中，不断对听障儿童进行赏识与夸赞，比如武术动作做得好、积极发言、注意力集中等都可以获得一个"赞"。

（2）参与式教学法

参与式教学法以学习者为中心，充分应用灵活多样、直观形象的教学手段，如课堂讨论、个别化教学等，鼓励学习者积极参与教学过程，加强教学者与学习者之间以及学习者与学习者之间的信息交流和反馈（陈华，2001）。在武术小组中，社工会在小组前、小组中间和小组后与听障儿童交流，让听障儿童自己表达需求和想法，并尽可能将此需求和想法纳入下次活动中，使听障儿童不仅是学生身份，同时是"老师"身份。

（3）行动教学法

行动教学法可归纳为意识、分析、反思、行动四个步骤。在每次课程前，社工都会问听障儿童几个小问题，如"为什么要强身健体""为什么要展现自我""为什么要学习武术"等，并带领听障儿童进行讨论和反思，从而让听障儿童意识到锻炼身体、遵守规则、尊重他人以及沟通交流的重要性，在此基础上开始武术动作的学习，提高听障儿童学习的热情和主动性。

（4）情景教学法

情景教学法在武术小组中的应用主要是武术表演。表演有两种方式，一是让听障儿童伴随音乐来展示自己的武术动作，二是在游戏环节让听障儿童进行角色扮演。

（5）家校联动模式

通过 S 市 L 康复中心家长微信群，将每节课学习的武术套路动作和武德故事分享给家长，让家长知道学生在武术小组中学习的内容，并将每次课程的照片发送到家长群中，让家长欣赏孩子的进步与变化。此外，社工会将本周学习的武术动作以"家庭作业"的形式布置下去，让听障儿童在家中进行复习，鼓励家长与孩子一起练习，并对孩子进行适当的精神表扬。

（三）评估反馈

本次对"提升听障儿童抗逆力的武术小组工作"的评估通过以下步骤进行。第一，在小组工作筹备期，通过对 S 市 L 康复中心进行走访调查，观察听障儿童的性格特征及行为，以及和机构工作者进行半结构式访谈，了解目标群体在开展活动前的状态。第二，在武术小组活动实施阶段，社工在活动过程中观察听障儿童，并对听障儿童的变化进行记录。第三，社工在活动开始前后以及休息期间与听障儿童进行聊天，了解听障儿童现状，获得听障儿童对活动的评价。第四，通过微信群中家长的评论，获得活动开展满意度和活动效果的相关信息。第五，通过 S 市 L 康复中心工作人员对武术小组活动的评价，以及其对听障儿童活动前后表现的评价，来判断活动的效果。

1. 效能因素（"I can"）：参与感和表达力增强

通过行动教学法，强调练习武术和强身健体的重要性，听障儿童的积极性和参与感明显增强。

> 刚开始听障儿童的参与是被强制的，后来慢慢地（我们）就是鼓励（他们）参与，再后来他们就积极主动地参与到活动中来了，而且当告诉他们表现好的同学"六一"儿童节可以上台演出之后，他们的积极性就更高了。（L 社工）

> 午休结束之后，根本就不用提醒，他们就自己穿上舞蹈鞋了，然后就说要去上武术课了，有时候还会比谁第一个到教室。（Z 老师）

而伴随参与感增强的是学习能力的不断提高。听障儿童在协调能力、观察能力、模仿能力和记忆力方面的优势，在活动参与过程中被不断挖掘，学习能力不断提高。

> 以前学动作都要模仿 4～5 遍，慢慢地就只用学 2～3 遍了，有时候甚至只用学 1 遍，不过这也和学的动作的难度有关系，就是简单的动作 1 遍就会，难的动作要多学几遍。但是总体来说，他们学的速度是越来

越快了。（W 社工）

同时，通过参与式教学法，让听障儿童自己分辨出他们在生活中真正需要什么，而不是从社工的视角推断他们想要什么，让听障儿童感受到支持和理解，更加乐于和社工交流，交流能力、表达能力在此过程中得到提升。

> 我记得有一次，一个听障儿童在我讲完武德故事后说自己也想给大家讲故事，我就把下一次活动中的游戏改成故事接龙了，就是让他们根据三个词来讲故事，当时给的三个词好像是"小草"、"小鸟"和"恐龙"，每个孩子都挺感兴趣的，讲得都挺好。后来就有听障儿童跟我反映说，想再玩一次某个游戏，想再听一次某个故事，反正这种事情经常发生。（W 社工）

2. 外部支持因素（"I have"）：礼仪性和规则性提升

在赏识的环境中，逐渐消除听障儿童的自卑感，提升听障儿童的礼仪性和礼貌性。

> 他们刚看到我们的时候，其实还挺害怕的，也不靠近，也不打招呼，不过几次活动后，有些孩子就会主动向我问好了，甚至有时候会给我一个拥抱。（C 社工）

> 刚开始教他们"抱拳礼"，他们会经常忘记做，然后我就一直提醒，对记得做抱拳礼的同学进行表扬，慢慢他们就养成习惯了。每次都会做，有时候某个同学忘记做了，还会被其他孩子提醒，而且本来练习环节是不用做的，但是现在他们也做，挺好的。（L 社工）

同时，利用家校联动模式，让听障儿童在家长或他人面前展示自己，增加听障儿童的社会取向行为。

> 刚开始在家里还不愿意练，但是我说这是老师要求必须练的，然后（他们）就练了，现在（他们）也敢在别人面前展示了。（Z 家长）

学了武术之后，明显懂事了，懂礼貌了，谢谢老师。（Q 家长）

武德故事的讲解与分析也是建立听障儿童价值观的时机。

当讲"精忠报国"这个故事的时候，我问他们岳飞为什么要去战场杀敌呢，然后就有好多个小朋友回答因为要打坏人，这就至少说明这个故事提高了他们的爱国热情。（W 社工）

通过游戏环节，培养了听障儿童的规则意识，以及和他人交流沟通的能力和合作精神，不仅让听障儿童自己发生改变，还支持听障儿童鼓励并帮助他人改变，那么在这个过程中，听障儿童不仅处在社工提供的关怀支持的环境中，还处在其他同学提供的关怀支持的环境中。

有一次课间休息的时候，一个听障儿童指着另一个孩子的耳蜗外部装置和我说，"老师他的那个掉了"，但是我看着那个东西好好的，没有掉，所以我就和他说"没有掉"，但是他一直和我说掉了，然后我就认真看了一下，果然夹在衣服上的那个东西没夹好，也不算掉了，不细心看就看不出来。这件事给我的感触还挺深的，其实每个听障儿童都是善良的，他们都是愿意互帮互助的。（Z 老师）

"二人三足"是一个需要配合的游戏，我们告诉他们该怎么做，然后给他们喊"1、2""1、2"的口令，他们做得都挺好，之前担心会有摔跤的情况，在我们的保护和他们的合作下没有发生。（Y 社工）

清晰的规则与关怀的环境改善了听障儿童因其身体障碍而面临的社会化情境，提高了听障儿童的礼仪性和规则性。礼仪性和规则性的提升也意味着规范等社会行为方式和人格特征不断建立，社会适应能力越来越强，社会化能力不断提高。

3. 内在优势因素（"I am"）：自尊感和认知能力建立
通过武术的不断学习，可以明显看出听障儿童的身体素质得到了提高。

从最初只能坚持 5~6 秒的正踢腿，到现在可以坚持 10 多秒，从原来只能训练 30 分钟就要休息，到现在可以连续练习 1 个小时。听障儿童在力量、耐力、韧性和灵敏度方面都有了极大的进步。（L 社工）

最近换季了，孩子竟然没有生病的，以前可不是这样的，是不是和练了武术有关啊？（捂嘴笑）（竖拇指）。（M 家长）

同时，在小组活动中，社工不断强化通过武术训练可以强身健体的思想，提高了听障儿童对自己身体的满意度，不再将身体缺陷作为关注的重点，而是将焦点放在身体健壮程度上，提高了听障儿童的身体自尊。

我的身体倍儿棒，因为我每天回家都练拳，我现在都有肌肉了，我妈妈说我是个"男子汉"。（A 听障儿童）

此外，在武术小组活动中，通过大胆地走上前向同学展示武术动作，或者通过在家人或亲人面前展示武术动作，获得同学、老师、家长等周围环境中的人的夸奖，提高了听障儿童的自信心，改变了原有封闭、孤僻的性格特点。

当一个孩子在展示完武术动作的时候，我让所有的孩子都为他鼓掌，并为他点"赞"（竖大拇指）。有时候甚至还会让某个孩子成为标兵，让他站在前面，然后所有人模仿他的动作。一般这个时候，这个孩子就会一脸骄傲。有时候有些孩子会害羞而不敢站在前面，我就会积极鼓励他，然后他们一般都会到前面来，慢慢地就习惯了，敢于展示自己了。（W 社工）

4~6 岁的儿童处在认知形成和发展的阶段，借助武术小组活动，培养听障儿童对武术美的艺术追求，通过表演展示学习的动作，可以让听障儿童对美有一个基本的定位，在不断地训练和学习过程中，提高听障儿童对美的鉴赏能力。

×××，你觉得你和×××，谁的动作做得好看呢？（C 社工）

我觉得×××做得好看，因为我回家没有练习，我妈妈忘记提醒我了。（B 听障儿童）

在审美和鉴赏能力不断提高的过程中，听障儿童对自我的认知不断形成，知道可以通过观察自己或者从别人那里得到反馈来获得对自我形象的界定和认知。

每次武术展示后他们获得鼓励，我觉得很不错，毕竟通过别人的评价可以让他们认识自己。他们这么小的年纪肯定是在鼓励中成长的，反正现在在其他课堂上，有些孩子确实表现得积极了一些，我觉得蛮好的。（S 老师）

有的游戏是角色扮演，然后他们就想当公主、王子，还有的想当恐龙，反正想当什么的都有，想当什么都行，这个扮演的过程就是他们自我认识的一个过程。（Y 社工）

综上所述，在武术小组中，听障儿童的优势被不断发掘和强化，同时，听障儿童的效能因素（"I can"），如沟通表达能力、问题界定能力，外部支持因素（"I have"），如关怀支持的环境、清晰的规则等，内在优势因素（"I am"），如较高的身体自尊、较强的自豪感和自信心等要素被不断建立，听障儿童的抗逆力得到极大提升。

四　寻见你的"身影"：服务反思与展望

寻见你的"身影"，即在原有服务基础上，从系统理论出发，关注案主所处的环境系统，发挥整个系统的作用，包括家庭、单位、社区甚至整个社会。

对于儿童而言，教育场域是其主要的社会互动场域，听障儿童在学校中接触的主要是同辈群体和教师。张瑾（2017）指出朋辈群体是青少年发展的重要群体，朋辈群体之间和谐的关系可以满足青少年的交流需要和自尊心的需要，激发青少年的学习和兴趣爱好，提高青少年适应环境的能力。在武术小组工作中，通过武术小游戏、个人展示、互助模式等方式，培养听障儿童之间的配合能力和信任，促进听障儿童与同辈群体形成良好的关系，互帮互助，互相学习，增强儿童的自信心和乐观感，从同辈群体处获得对自我的认知。而对于教师来说，赏识教学法要求老师经常关注并表扬听障儿童，给予听障儿童外部支持和积极的预期。因此在学校系统层面，武术小组活动的成效显著。然而，在家庭和社会系统层面，既有的行动方案尚存在以下反思。

（一）家庭系统的整合

对于儿童来说，家庭永远是最重要的支持系统，家庭对于儿童的成长与发展具有决定作用（赵芳，2012）。家庭环境对儿童抗逆力具有显著的预测作用，改善家庭环境将有利于提高儿童的抗逆力（谭水桃等，2009）。在武术小组的"家校联动模式"中，社工虽然会通过微信群鼓励家长对听障儿童进行表扬，为听障儿童提供情感支持，但是由于没有严格的追踪调查和约束性条件，家庭对听障儿童的情感支持并没有很好地体现和落实，家庭资源没有得到有效的利用。而家长情感的缺失会阻碍抗逆力的建立，很可能使之前的努力功亏一篑。所以，在之后的服务中，必须关注家庭系统，提高家庭在提升听障儿童抗逆力方面的作用。

（二）社会系统的连接

在武术小组活动中，虽然听障儿童会在"六一"儿童节上通过武术表演的形式向社会发声，但是这样的发声面向的群体太少，影响力覆盖面较窄。要想建立听障友好型社会，则需要更多地举办向社会展现听障儿童优势和潜力的活动，增加听障儿童与社会接触的机会，同时，依靠媒体舆论，最终改变社会对听障儿童的消极看法。与此同时，听障儿童参与权的倡导也是社会系统连接的有效途径。儿童参与权有 8 个阶梯，分别是：操纵；装饰品；象征性参与；成人决定，但事先通知；成人决定，但咨询儿童意见；成人策划，但与儿童一起做决定；儿童策划，儿童自己决定；儿童策划，邀请成人一起讨论，然后做出决定。当前武术小组中，听障儿童的参与度只在第四到第五个阶梯之间，听障儿童参与权没有得到很好的保障。所以，未来对于听障儿童的服务需要考虑儿童参与权的问题，不断提高听障儿童的自主性和参与性。

总之，未来需要通过武术小组形成以听障儿童为中心不断向外扩散的实务模式，从中心往外依次为课堂、学校、家庭、社会。课堂上，主体是听障儿童，社工作为引路人和辅助者，在这一场域，听障儿童的身份是一个接收者。学校里，听障儿童运用自己的关系，和同辈群体进行交流学习，发挥自主性，锻炼社交能力，在这一场域，听障儿童的身份是一个自主者。家庭中，听障儿童将自己所学展示给家长，听障儿童的身份从最初的接收者变成传递者。当听障儿童步入社会，其在信息的交流与获取中，与他人不断建立关系，成为一名真正的社会人。在这个从内到外的扩散过程中，听障儿童的外部支持因素（I have）、内在优势因素（I am）和效能因素（I can）不断建立，听障儿童的抗逆力也必将得以提升。

参考文献

陈华，2001，《参与式教学法的原理、形式与应用》，《中山大学学报论丛》第 6 期。

童长江，1988，《12 ~ 16 岁聋哑儿童智力发展水平的实验研究》，《心理发展与教育》第 4 期。

杜立婕，2007，《使用优势视角培养案主的抗逆力——一种社会工作实务的新模式》，《华东理工大学学报》（社会科学版）第 3 期。

何姗姗，2018，《学前听障儿童抗逆力现状与提升策略研究》，硕士学位论文，江西财经大学。

李翠苓，2012，《优势视角下社会工作介入农村留守儿童服务的研究》，硕士学位论文，吉林大学。

李俊，2010，《不同运动干预对儿童身体自尊发展影响的实验研究》，硕士学位论文，苏州大学。

李珂珂，2010，《我国听障儿童心理健康研究综述》，《湖北第二师范学院学报》第 3 期。

刘玉兰，2011，《西方抗逆力理论：转型、演进、争辩和发展》，《国外社会科学》第 6 期。

刘玉兰、彭华民，2012，《儿童抗逆力：一项关于流动儿童社会工作实务的探讨》，《华东理工大学学报》（社会科学版）第 3 期。

庞敬春，2015，《优势视角理论与听障大学生个性化教学研究》，《绥化学院学报》第 4 期。

裴小茹，2012，《学校社会工作介入外来务工人员子女抗逆力养成——以上海市 MH 区 ×学校为例》，《社会工作》第 11 期。

苏永华，1991，《瑞文标准推理测验在聋童中的使用报告》，《心理学报》第 1 期。

谭水桃、张曼莉、孙利娜、金巧红、郁鹏程，2009，《不同心理复原力中学生家庭环境因子比较》，《中国学校卫生》第 2 期。

童敏，2013，《从问题视角到问题解决视角——社会工作优势视角再审视》，《厦门大学学报》（哲学社会科学版）第 6 期。

韦小满、刘艳虹、哈平安、马仁海，1999，《听力损伤与智力水平及学习成绩关系的研
　　究》，《中国学校卫生》第 2 期。

张福娟、刘春玲，1999，《听觉障碍儿童个性特征研究》，《中国特殊教育》第 3 期。

张瑾，2017，《浅谈和谐的朋辈群体关系对青少年成长发展的重要作用》，《大众文艺》
　　第 16 期。

赵芳，2012，《需求与回应：一项关于流动儿童适应的再研究》，《社会工作》第 11 期。

钟毅平、谭千保、方柳，2006，《听障学生与正常学生社会认知能力的比较研究》，《心
　　理科学》第 1 期。

都市社会工作研究　第 7 辑

第 81~103 页

© SSAP, 2020

医务社会工作实务模式探究

——以上海市七家医院为例

马文博　范明林[*]

摘　要　处于转型期的中国，各种社会问题日益显现，表现在医院便是医患关系紧张。当前，医务社会工作在缓和医患矛盾、改善医患冲突中的作用已经得到证明，因此加快我国医务社会工作发展刻不容缓。本文围绕上海市七家医院医务社会工作的发展状况，对上海市医务社会工作实务模式进行分析和研究。研究发现，七家医院的医务社会工作实务模式的相同点主要表现在工作方法、服务主体、服务过程和服务对象的选择标准四个方面，差异性主要体现在医务社会工作部门设置的不同、链接资源的不同和志愿者管理方式的不同。基于差异性，本文从独立性、专业性和综合性三个维度总结概括了上海市医务社会工作实务模式的类型，即独立运行的医务社会工作实务模式、以党务工作为主的医务社会工作实务模式、以行政工作为主的医务社会工作实务模式、以志愿者为主的医务社会工作实务模式以及过渡阶段的医务社会工作实务模式。在此基础上，提出未来医务社会工作发展的建议，主要包括：政府需要出台相关的法规条例，完善医务社会工作专业教

---

* 马文博，上海市爱照护养老服务有限公司社区发展经理，社会工作师，主要研究领域为老年人照顾、老年人健康服务、社区工作等；范明林，上海大学社会学院教授，主要研究方向为社会组织、社会工作实务等。

育和在职教育，明确医务社会工作部门职能和岗位设置规范等。

关键词　医务社会工作　医务社会工作实务模式

一　研究背景和问题

1921 年，我国医务社会工作萌芽于北京，但在新中国成立尤其是 50 年代开始实行计划经济后，政府工作人员代替社会工作者行使了大部分社会福利组织的职能，我国医务社会工作发展中断。改革开放后，医务社会工作开始在上海、北京、广州和深圳等地逐渐恢复，2000 年，D 医院成为国内首家挂牌成立医务社会工作部的医院，2012 年上海市卫生局颁布一项具有里程碑意义的文件——《关于推进医务社会工作人才队伍建设的实施意见》，部署"十二五"期间医务社会工作的相关工作，争取在上海初步形成医务社会工作者管理机制和工作格局，逐步建立和完善医务社会工作者人才培养、管理、评价、流动、激励等一系列制度，推动上海医务社会工作全面而深入地开展并逐渐形成多种不同的医务社会工作实务模式。

医务社会工作作为一门以关怀为基础，在医疗体系中提供全人照护的助人工作，主要通过社会心理暨灵性层面的需求评估，协助个案及其家属因处理疾病而产生的家庭、经济、工作、情绪、复健、出院安置以及疾病相关适应等问题，提供个案及家属支持性、补充性与关怀性的服务，协助个案在医疗复原过程中能有更佳的适应能力，提升其自信心与能力（温信学，2011）。早于 1905 年，美国已经开设"医院社会服务部"，聘请专业社会工作者提供服务，催生美国现代医疗社会工作制度的诞生（Laroque & Daley，1956）。在经过"医务社会个案工作"、"医院社会工作"、"健康照顾社会工作"（Health Care Social Work）等多个发展阶段，目前在西方已经形成了在医务及相关领域为服务对象提供专业服务而产生的一套相对规范化的价值理念、服务模式、服务流程和工作方法，即医务社会工作实务模式（刘继同，2008）。刘继同（2008）认为，这些模式主要包括：（1）健康照顾处境分析与间接医务社会工作实务模式；（2）跨文化与文化敏感的实务模式；（3）健康促进与健康教育模式；（4）基本生活和生活保护模式；（5）一般性与特殊性医务社会工作实务模式；（6）整合型实务模式；（7）侧重精神分析和心理治疗的模式；（8）医疗机构中医疗照顾为主的服务模式；（9）医疗服务过程与连续性服务模式；（10）注重服务对象共同需要与为服务对象增能赋权的发展模式；等等。

与国外相比，我国医务社会工作开展尚属起步阶段，实务模式还在萌芽中，故而，对此的研究刚刚开始（卫生部人事司，2007；刘岚，孟群，2010；秦安兰，吴继霞，2014；李娟，2016）。基于上述背景，本文将围绕以下几个问题展开探讨：第一，在医务社会工作开展比较早的上海地区，基于某些维度和指标的考量，目前已经初步形成了哪些类型的医务社会工作实务模式；第二，这些医务社会工作实务模式具有哪些共同点和差异性，原因是什么；第三，从社会工作专业要求和医务社会工作实务发展的态势来看，这些模式在实践中还有哪些进一步完善的空间。

二 研究方法

本研究共选取了上海市七家医院，按照医院的等级划分，共有 5 家三甲医院、1 家二甲医院、1 家一甲医院。按照综合性医院和专科医院的标准划分，包括 4 家综合性医院、2 家专科医院、1 家社区医院。需要说明的是，其中 S 医院原为一级医院，为了符合当时卫生部人事司研究报告中提出的所有二级以上的医院均应设立社会工作部的标准，改为二级医院，但医院本身的规模和资源与二级和三级医院存在明显差别，因此在本研究中依旧作为一级医院分析。每家医院开展医务社会工作的年限不同，其中时间最长的是 2000 年成立全国第一个医务社会工作部的 D 医院，最短的是徐汇区 S 社区服务中心，仅一年有余。

另外，选取的 7 个访谈对象中，有 4 名男性、3 名女性，其中 6 位有社工专业背景（包括拥有医学专业和社会工作专业双重背景），1 位是医生转岗；他们从事医务社会工作的年限不同，时间长的从 2000 年开始从事相关工作，短的则仅上岗一年。

本研究利用中国知网、CSSCI、Web of Science 等国内外网站，搜集相关文献资料，通过各个医院社会工作部门的宣传手册、报纸杂志、官方网站上的相关信息和微信公众号推送的资料等进一步详细具体了解每家医院医务社会工作实务的开展情况。在研究中对这些文献资料予以计量可视化分析、词频分析，进行初步的编码、做索引和归类，以期获得研究所需的更为丰富的信息资料。

本研究更多地采用深度访谈法对 R 医院、D 医院、Z 医院、S 社区卫生服务中心、H 医院、J 医院和 X 医院七家医院的医务社会工作者进行深度访谈，访谈内容包括医务社工部的组织架构、服务内容、服务方法、服务过程、资源支持、工作中的困境及建议，并对资料进行整理和分析。

三 基于四个维度的医务社会工作发展分析

上海医务社会工作的发展一直居于全国领先地位。2000 年 5 月，上海市东方医院成立全国首个医务社会工作部，吹响了上海市医务社会工作发展的号角。2007 年，卫生部人事司在有关研究报告中提出，全国所有二级以上的医院都应该设置"社会服务部"或"社会工作部"，而设置的方式则可以根据医院的实际情况（新建、合并、重组或是改造），这一举措推动了越来越多的医务社会工作部的成立（卫生部人事司，2007）。2004 年上海市儿童医学中心成立了医务社会工作部，之后徐汇区中心医院、上海市复旦大学附属肿瘤医院等医院的社会工作部也先后设立。随着开展医务社会工作服务的医疗机构越来越多，开展的服务也根据医院的特征有所侧重，有的医院主要提供社区服务，有的医院主要提供健康知识方面的宣教，有的医院则主要提供志愿者服务（张一奇，2010）。2010 年，上海医务社会工作者逐渐尝试新的服务领域，在舒缓疗护科室为患者提供临终关怀、疼痛管理等。即便如此，上海医务社会工作者无论在数量，还是在综合能力方面都严重落后于实际需求，为此，上海市卫生局于 2012 年 2 月印发了《关于推进医务社会工作人才队伍建设的实施意见（试行）》的通知，提出建立一支专业化、职业化的医务社会工作人才队伍，并在一些综合性医院和专科医院进行医务社会工作试点，医务社会工作者持证上岗率达到了 50%。上海市医务社会工作开始逐渐向制度化、规范化的方向发展。

经过多年的实践与发展，上海医务社会工作服务已经初显成效，专业服务内容也各具特色，为此，笔者基于部门设置、服务内容、服务成效和资源支持等四个维度展开对上海不同医院医务社会工作发展的描述与分析。

1. 不同医院医务社工部设置和人员安排分析

根据调查，目前上海市医务社会工作部的设置主要有以下几种情况：独立设置，挂靠在党办、团委、院办或者其他医务科室等。在调查的七家医院中 S 社区卫生中心、H 医院和 J 医院的医务社会工作部分别挂靠在党办、院办和团委，D 医院、R 医院、Z 医院和 X 医院则独立设置医务社会工作部，与其他科室是平级关系。

通过对表 1 资料的解读和相关访谈对象资料的整理，发现不同医院对社会工作的设置有较大的差异。从组织架构而言，不少医院基于"社会工作也是一种专业技术"这样的思路考虑而独立将医务社会工作部设置为与医院其他科室平级的部门，但是也有医院将其设置为医院党委办公室、院长办公室、门诊办公室或者团委下属的一个部门，有的甚至把它设为医院党委下面宣传部下属的一个部门。观察发现，把社会工作部设置为医院党委办公室、院长办公室或者团委下属的一个部门，在上海医院系统里尚不在少数。分析下来，这样的组织架构安排，医院方面有几种情况，第一种是基于国家卫计委文件的规定和考核压力，暂且安排一下；第二种是对社会工作的专业性质和职业性质不甚了解或者根本不清楚，尤其是对于医务社会工作者在医院中发挥的作用持怀疑态度；第三种是很多医院开展医务社会工作都是从志愿者服务和管理工作开始，而这一部分工作原本是由党办或者团委负责，自然而然地在隶属关系上附属于党办或者团委，同时，也借此增添医院党务工作、行政工作或青年工作的人手；第四种是开展医务社会工作的部分人员是党委、行政部门或者团委的人员兼职或者转岗而来。无疑，基于上述情况来设置医务社会工作部都会对其产生不利影响。

表 1　七家医院医务社会工作部设置、社工人数等情况（截至 2017 年）

医院名称	床位数量（张）	社工人数（名）	专业背景	挂靠对象
D 医院	800	5	社工 3 名 转岗 2 名	独立设置
R 医院	500	5	社工 4 名 转岗 1 名	独立设置
Z 医院	1250	2	社工 1 名 转岗 1 名	独立设置
X 医院	1000	2	社工 2 名	独立设置
S 社区卫生服务中心	200	1	社工 1 名	党办
H 医院	600	1	社工 1 名	院办
J 医院	1300	2	转岗 2 名	团委

资料来源：研究者根据上述七家医院档案资料整理。另外，基于保密的伦理原则，所有的被访医院和被访对象均以字母代之。

（1）独立设置医务社工部的优劣分析

研究发现，独立设置医务社工部的医院为数较少，一般是三甲综合性医院且开展医务社会工作较早，比较典型的就是 D 医院，医务社会工作部是一级科室。此外，还有 R 医院，其医务社会工作部由原来的社会服务部发展而来。访谈中一些被访者发表了相关看法：

> 就像我们医院是独立设置，首先医院认可才会这样去做，然后你的自主性会更强，会有更多的时间、精力去从事社工方面的一些专业的服务，被其他部门牵制的精力会少很多；如果挂靠在其他部门，势必要为其他部门做很多事情，可能选择的服务对象也不是你真的想做好，或根据需求评估来开展服务的……（摘自 ZJ 的访谈稿）

独立设置部门对于医务社会工作的开展有显著的影响，首先，这种影响体现在医务社会工作服务的专业性方面，独立设置意味着医务社会工作部在医院系统内部的位置更加明确：与医院内部的其他科室是平级关系，医务社会工作部无须对别的科室负责，对于开展什么样的服务、如何开展等有很大的自主性，这在一定程度上保障了医务社会工作实务的专业性。其次，医务社会工作部的独立设置给予医务社会工作者更大的专业认同感和工作信心，同时为医务社会工作者减少了其他行政工作，使得社工有更多的时间去开展专业服务。最后，独立设置的优势还体现在更好地与其他科室建立关系，在共同利用资源方面更加便利。

但是，独立设置也意味着医务社会工作部作为医院的一级科室与其他科室一样，需要参与医院的日常会议和其他行政事务，从表 1 可以看出，一般独立设置医务社会工作部都至少有两个或者更多社工，比如 D 医院和 R 医院有五名社工。具体工作中，医务社会工作部的主任一般很少做一线社工，其主要工作是对医务社会工作部的整体事务进行统筹管理，比如医务社会工作部的年度计划、会议策划、社工督导、来访接待、外出交流等事务，而诸如病房探访、俱乐部活动、个案工作、小组活动、社区工作等则由其他的社工和实习生共同开展。总之，独立设置需要医务社会工作部承担更多的责任和扮演更多的角色，在践行部门职能方面需要努力取得一定的成效。对此，一位被访者说道：

> 一级科室的话，和其他的部门是平级的，所有面向医院的会议都要参加，还有团办和党办开展的活动以及医院的日常工作，社工理论

里面讲生态系统理论，医院也是生态系统，你在这个系统里面，就要参与医院的工作。（摘自 ZYQ 的访谈稿）

（2）社工部挂靠在医院其他部门的优劣分析

研究表明，社工部挂靠在其他部门，如党办、团委或者院办，其优势在发展初期比较明显，因为医务社会工作部建立之初，对于医疗环境不太了解、部门定位不清晰、工作职责不明确等，都对医务社会工作融入医院系统提出了挑战，在自身身份不明的情况下，需要借助党团或者院办等部门的行政力量为医务社会工作的顺利开展奠定基础。获得主管部门领导的支持和认可，对于医务社会工作的开展至关重要，这一点在几家医院中都有所体现，如 S 医院的医务社会工作部刚成立一年，挂靠在院办，所属的分管领导认为医务社会工作的成效虽然不像医生护士那样明显，但医务社会工作"以人为本"的服务理念对医疗环境的改善发挥了很大的作用。访谈中也有被访者说道：

在不同的部门下确实有它的优缺点，在团委下有一个非常大的优点就是可以发挥志愿者的资源，而且志愿者的年龄偏小，大家对这项工作的热情比较高，这都是它的优点和优势……（摘自 CHB 的访谈稿）

当医务社会工作不再局限于志愿者管理而开始走向专业化，服务对象和服务内容也在不断增加时，挂靠在其他部门的劣势开始显现出来。首先是医务社会工作部的职责范围界限模糊，缺乏独立性，往往被所挂靠部门的工作混淆甚至淹没；其次是对专业技术人才的浪费，行政工作也是医务社会工作者需要承担的一部分，比如参与医院的管理和建设，但大量的文书工作和与专业服务无关的活动，会使社工沦为一般的行政人员，这对专职社工来说是一种极大的资源浪费；最后一点是挂靠在其他部门，就意味着可能与其"合署"办公，共同利用空间资源，这样可能导致的结果就是医务社会工作身份的行政化，甚至潜移默化地影响专业的服务价值理念。正如一位被访者所指出的那样：

挂在党办下面不可避免地就要去做精神文明的事情；挂在门急诊办公室，不可避免地就要做门诊接待、导医助医、志愿者这样的事情；

如果挂在医务科下面，可能就会涉及质量控制、安全管理这一部分，它会对社工的职责范围有比较大的影响，也就导致了上海的医务社会工作者侧重点不同，发展的状况也五花八门。（摘自 ZFZ 的访谈稿）

（3）人数安排方面的差异

从安排的社会工作者人数来看，不同级别的医院差异较大，R 医院有包括医务社工部主任在内的 5 名社工，且 4 名为专职社工。这 5 名社工分工精细，医务社会工作部的主任同时兼任副院长，主要是对全员的工作进行统筹管理；两名临床社工，分别负责心脏科和血液科的临床工作；一名行政社工，专门负责慈善救助评估与汇报，志愿者招募、登记、培训与服务项目管理，文档管理，公益活动及各项行政工作；另外一名社工主要是负责社工项目设计与开发、慈善募捐等，同时兼顾高校的教学工作和学科发展的研究工作。显然，岗位设置明确不仅可以实现资源的优化配置，还可以充分发挥每个人的优势。比较之下，S 社区卫生中心和 H 医院分别只有 1 名社工，且后者的医务社会工作只是社工工作职责中的很小一部分。岗位设置不清晰，会导致医务社会工作者职责定位不明确，专注于专业服务和实务锻炼的时间和精力有限。

虽然，上海市卫计委有文件规定，每 300～500 张床位配备一名社工，但在访谈中被访者普遍反映，随着医务社会工作服务范围的不断扩大，医务社会工作者的工作量也在不断增加，因而，医务社会工作者始终处在人手不足的紧张状态，这种状态势必影响专业服务的开展、拓展和成效。同时，研究发现，随着社会工作的发展，医院里转岗的医务社会工作人员占的比例在逐渐降低，加快了上海医务社会工作逐渐专业化和职业化发展的步伐。

2. 不同医院医务社工部服务内容分析

根据对七家医院医务社会工作开展的访谈资料分析可知，它们提供的专业服务主要包括个案工作、小组工作、社区工作、志愿者服务和项目服务。

个案工作是每家医院医务社工部的基础工作，大多数情况下医院主要借助上海市高校的社会工作专业的实习生开展个案工作。通过自主病房探访或者医护人员转介，发现需要帮助的对象，针对患者因其疾病导致的情绪、日常照顾、环境适应、人际关系等问题，提供专业服务。个案工作是当前运用最多且被认为最有效的工作方法，也是每家医院开展医务社会工作使用频率最高的方法之一。由于开展个案工作的前提是发现服务对象，所以基本所有的医务社会工作者都需要固定地进行探访，不同的是病房探访的频率，有的每天都会进行，有的则是一周两次到三次。如被访者告诉研究者：

> 我们每周会定期和医生、主任去科室中查房，然后通过查房发现一些有需求的患者，我们会跟进个案的服务，这是一块重要的工作。（摘自 ZJ 的访谈稿）

研究发现，在医院里比较常见的有医护人员减压小组、家属减压小组、病友支持小组等，受限于患者住院时间较短，开展活动时以单次小组活动为主，非单次小组过程也不过 3~4 节。进一步研究发现，各家医院医务社工部开展的小组工作各具特色，因为每家医院会根据所服务的患者状况、医院诊治特色以及社工的专业擅长领域等实际情况设计和提供小组服务，比如 X 医院主要针对康复科脑卒中患者开展小组工作，J 医院主要针对白血病患儿开展活动，S 社区卫生服务中心主要对老年科病人家属提供情绪减压和心理支持的小组服务，D 医院社工部相继组建了各种患者病友小组并开展较为持续的活动等等。

比较之下，社区工作是目前各家医院开展的最弱的一项专业服务，主要内容集中在社区义诊、社区健康教育、社区居民健康信息和资源提供，还有各种指定日期如"防艾日""控烟日"等的健康卫生宣传，严格意义上说有些并非专业的社会工作服务。此外，并不是每一家医院的医务社会工作部都开展社区活动，如 X 医院的社区活动由别的部门在做，对此医务社工部主任在访谈中表示，既然大家做的饭都差不多，换谁来做都一样。

上海医院系统志愿服务历史悠久，所有医院都有志愿者队伍和各具特色的服务内容，因此，被调查的七家医院志愿者服务和管理仍然是医务社工部日常工作的重要部分。志愿者主要是由社区退休人员、康复患者、白领、学生等群体组成。提供的志愿服务主要有三个方面：门诊助医、病房探访和病友互助等。此外，每家医院根据自身客观条件和实际需要，开展形式多样的志愿服务，比如 X 医院每天有固定的志愿者提供钢琴演奏等音乐方面的服务，R 医院则针对儿童患儿开设了阳光小屋、绘画服务以及每年一次的儿童健康节等活动，S 社区卫生中心的临终关怀志愿服务在上海医务社会工作领域中享有盛誉。

在七家医院中有部分开展项目服务，其形式有三：第一种是政府购买服务，如 D 医院医务社工部连续两年申请区妇女联合会的妇女儿童家庭服务项目，为八个街道的乳腺癌康复患者提供出院之后的生理、心理、社会和灵性的关怀活动；第二种是与企业合作，如 R 医院医务社工部与世界范围内的很多知名企业所设立的基金会建立深入合作关系，医务社会工作部把患者的诉求与企业的资金资源结合起来，开展项目化服务并取得丰硕成果；第三种是与学校合作，J 医院在开展医务社会工作服务之初就与上海某大学社会工作系建立了合作关系，申请学校的实践项目，为医院的白血病患儿、脊髓损伤患儿提供社会工作服务。

3. 不同医院医务社工部服务成效分析

鉴于目前国内并没有医务社会工作服务效果的评估标准，所以本研究尝试使用服务广度和服务深度两个指标来衡量服务成效。就服务广度而言，有些医院医务社会工作开展的时间较早，其发展日益成熟，专业的医务社会工作者人员较多，吸纳的实习生的数量也远多于其他医院。更多的人力投入，使开展的临床服务可以遍布更多的科室和病房，惠及更多的服务对象。比如 D 医院医务社工部主持的病友俱乐部活动服务八个街道，其中每个街道 25 名服务对象，能够较为持久地开展个案工作、小组工作和社区工作，基本实现医院—社区—家庭服务的无缝链接。与二甲医院和三甲医院相比，一甲医院的医务社会工作因其发展时间短，人力有限，服务的广度不可避免受到限制，如 S 社区卫生服务中心，除了志愿者工作，专业服务方面仅有 2 个个案和 4 次小组活动，差距十分明显。

就服务的深度而言，台湾地区学者把社工部的服务定位为 6 个方面：①协调病人心理与社会关系；②协调个体与社会的关系；③提供心理支援；④提供医护康复服务；⑤提供社会资源链接；⑥帮助协调医患关系（区月华、陈丽云，1996）。根据获得资料来看，不同医院提供的服务层次有所差异，像 X 医院、H 医院、S 社区卫生服务中心等的医务社工部提供的服务主要集中在个体层面上的心理支援和社会功能恢复等，而 R 医院和 D 医院则在此基础上进一步提供社会资源链接和协调个体与社会关系等方面的服务。

4. 不同医院医务社工部资源支持分析

本研究把资源分为个人资源和社会资源两个方面，调查发现，七家医院的医务社工部也有不同。

个人资源主要是个人凭借社会地位、权力以及个人魅力所能获取的资源，其中包括医务社会工作部的领导者资源和社工本人的资源。在访谈中，所有的被访者都提到作为医务社会工作部的领导者对于开展医务社会工作至关重要。S 社区卫生服务中心、J 医院和 H 医院的医务社会工作部分别挂靠在党办院办和团委，直属领导在医院行政系统中拥有一定权力和威望，在开展医务社会工作初期，在促进医务社会工作部与其他科室形成良好合作关系方面发挥着不可或缺的作用。R 医院的医务社会工作部主任同时担任副院长一职，而后期她的在职教育经历又使其对医务社会工作发展有深入的了解，因此可更好地促进医务社会工作部与政府部门、企业、学校、社会组织等的合作，链接多方面的资源。同样，医务社会工作者本身在社会工作实践中积累起来的人脉资源对于提供医务社会服务也起到重要作用，D 医院、R 医院的社工在访谈中充分地证实了这一点。

社会资源对象主要包括医院、基金会、企业、政府、学校、社会组织甚至政府等方面，资源内容主要是医疗资源、场地设施、活动经费、活动物资和志愿者资源等。研究发现，每家医院的医务社工部根据实际需要链接的资源也不尽相同，X 医院和 S 社区卫生服务中心主要以开展志愿服务为主，主要与医院、学校和上海市志愿者协会合作；D 医院主要链接政府资源，开展针对不同服务对象的项目；R 医院与 19 个基金会或企业基金会保持合作关系，同时与华东师范大学、复旦大学、上海纽约大学、华东理工大学、华东政法大学等学校合作，吸纳实习生资源；Z 医院利用医院的人力资源，返聘退休人员，同时在慈善基金会和志愿服务公益基金会下设立专项基金；J 医院主要利用学校的实习生资源。由此形成了各个医院医务社工部利用社会资源的不同格局和不同特色。

四 不同医院医务社会工作实务模式总结

通过对收集到的七家医院的资料进行分析，我们发现不同医院之间的医务社会工作存在相似的地方，也存在明显的差异，这些差异就构成了它们实务模式的不同类型与特色。

1. 医务社会工作实务模式分类维度

在对收集的大量资料进行抽象概括的基础上，本文选取独立性、专业性和综合性三个维度作为分类标准，尝试对不同医院的社会工作服务实务模式进行分类。

在独立性维度上设立以下 4 个指标，即：独立设置的医务社会工作部（在行政上隶属于医院，有上级分管领导，但与医院的其他科室没有行政附属关系）；独立的办公室和活动室（在空间上与其他科室分隔开，有专门的活动室，以供进行个案辅导、小组活动及专业理论讨论、交流等）；有独立的部门规范（制定初步的医务社会工作服务规范，规定医务社会工作部门的职责内容和范围等）；独立的岗位设置（包括专技岗位设定、正式编制等）。

在专业性维度上设立以下 5 个指标。①安排专业的医务社会工作者，包括两类社工：医务社会工作部的主任和临床社工。医务社会工作部的主任须具备社会工作专业硕士学位，并且持有社会工作专业资格证书，至少具有 5 年从业经验，且担任过相关的督导工作；临床社工需要接受过系统的社会工作专业教育，持有社会工作初级资格证书。②坚持专业价值理念，包括在开展医务社会工作实务中遵循"以人为本""助人自助"价值理念，坚持接纳、尊重、自决等实务原则，帮助服务对象通过自身的努力自我改变、自我进步，挖掘服务对象自身的潜力，实现助人自助，达成人与环境的良性互动。③设立专业服务，主要包括：社会及心理评估、卫生健康教育、提供有关社区卫生资源信息、开展专业个案、小组社区工作和整合性服务、制订出院计划、协助病人和家属利用医院服务、提供专业咨询、链接社会资源、开展社会工作研究等。④提供专业的服务，医务社会工作者在实务中，熟练使用个案工作、小组工作、社区工作等专业工作方法为服务对象提供帮助。⑤明确专业的角色定位，主要考察医务社会工作者扮演角色的多元性和专业性，对于服务对象而言，医务社会工作者扮演着信息咨询者、情感支持者和教育者角色；对于服务对象家庭来说，医务社会工作者扮演着计划制订者和指导者角色；对于医院整体来说，医务社会工作者则扮演着公共关系的协调者、行政管理者和谈判者等角色。

在综合性维度上设立以下 2 个指标。①跨专业团队的合作，主要考察医务社会工作者、医护人员以及医院内部的其他人员在开展医务社会工作实务中形成跨专业的合作，形成比较成熟的跨专业、跨学科的合作团队。②医务社会工作发展定位，医务社会工作是以临床工作为主，还是主要从事行政管理工作；主要以实务工作为主，还是偏向于理论研究，或者临床工作、理论研究、实习教学兼而有之。

2. 上海医务社会工作实务模式类型分析

根据上述独立性、专业性、综合性三种维度以及各项指标，本研究把上海市不同医务社会工作者实务模式概括为五种：独立运行的医务社会工作实务模式、以党务工作为主的医务社会工作实务模式、以行政工作为主的医务社会工作实务模式、以志愿者为主的医务社会工作实务模式和过渡阶段的医务社会工作实务模式。

（1）独立运行的医务社会工作实务模式

这类实务模式的特点是，独立设置医务社会工作部，配置专职社工，医务社会工作者遵循专业服务理念和服务方法，提供包括个案、小组、社区等多种形式的专业服务，服务过程不再局限于医院且延伸至社区，形成了多学科、跨专业的服务团队，除了开展医务社会工作实务，还进行社会工作专业的理论研究。该种模式的典型代表是 R 医院和 D 医院。如 R 医院在服务的专业性等各方面体现得十分显著。

> 血液肿瘤科"四全照顾"舒缓疗护——全人、全家、全队、全程
> 全人：患儿开始住院生活，居住环境、医疗操作等带来的恐惧和不安可能导致患儿出现情绪心理的适应不良。个案与团体咨询、社区活动、志愿服务等都是为患儿提供社会心理灵性支持时最常用的方法。
> 全家：必要的家庭咨询及团体咨询能够帮助家庭成员更好地协调与适应，重新发挥家庭功能。
> 全队：医生、护士、社工师、心理咨询师、营养师及志愿者在内的舒缓疗护团队通过多学科、跨专业的协作，共同为患儿与家庭提供服务。
> 全程：全人、全家、全队的照顾与支持是从患儿的疾病确诊至其回归社会/临终离世的全程服务，包括了出院计划与社区支持/善终服务与哀伤辅导等。（资料摘自 R 医院公众号平台）

同样，D 医院医务社会工作经过十几年的实践，在服务的专业性和全面性方面领先于大部分医疗机构，逐渐形成了一个比较系统和专业的体系。医务社会工作者参照香港特区、台湾地区先进的工作经验编写制定了实务手册，对医务社会工作者的角色、医务社会工作的服务内容做了明确的界

定。医务社会工作者着眼于患者治疗和康复的全过程（院前、院中、院后），采用多元化的服务形式和专业价值理念，坚持具体情况具体分析，因地制宜，结合医院的实际情况为不同服务对象提供不同的专业服务。民政部和卫生部等政府部门对 D 医院医务社会工作取得的成果给予了高度评价。

虽然 D 医院和 R 医院都属于独立运行的医务社会工作实务模式，但两者在服务理念和服务方法中存在着区别。R 医院的建立与美国的 H 基金会有很大的关系，基金会为医院提供先进的医疗设备和医务人员培训，很多医务人员有海外学习和交流的经历，这为医务人员对医务社会工作的认同奠定了良好基础，医务社会工作的服务理念也受国外影响较大（刘岚，2011）。D医院医务社会工作发展的契机则是 20 世纪末，上海市政府努力创新社会管理方式，大力发展社会服务，在浦东新区政府的推动下成立了医务社会工作部。其医务社会工作部在发展过程中在借鉴港台地区医务社会工作实务经验的基础上，努力探索本土医院的实务发展模式。

（2）以党务工作为主的医务社会工作实务模式

顾名思义，此种类型的医务社会工作内容主要是党务工作，包括精神文明建设、开展社区健康教育、爱心义诊等医院的相关党风建设和廉洁自律工作，较少涉及甚至不涉及医务社会工作专业服务，开展活动主要是以党组织的工作文件为准。

H 医院可以归结为此种模式，2013 年成立医务社会工作部，行政上隶属于院办，有一名 MSW 专职社工负责医务社会工作部分，但其日常工作事务是协助院办完成工作任务，主要包括：①精神文明建设活动，在门诊、病房及社区提供志愿服务，提升医院的形象，扩大医院的影响力；②患者满意度调研，通过邮寄纸质问卷的方式对已出院患者进行满意度调查，每月需要寄出上千份；③社区公益活动，为医院周边的社区提供免费的服务，如健康教育讲座、爱心义诊等，每月开展 7～8 次，社工需要协助其他科室医护人员做活动前的准备工作、活动中的拍摄以及活动后的新闻稿撰写；④医院开放日活动，每周都有开放日，社工带领民众参观医院，为民众答疑解惑，普及医务知识，提高医院的知名度；⑤全院的绩效考核，社工统计整理医护人员的志愿服务记录，为年终奖金的发放提供依据。

大量的党务工作占用了医务社会工作者的时间和精力，医务社会工作者变成了徒有虚名的称呼，要做什么、怎么做，需要根据行政命令执行，以医院的整体利益为准，而非患者需求导向。

（3）以行政工作为主的医务社会工作实务模式

此种模式中医务社会工作部主要负责医院的院内和院外的行政宣传工作，而医务社会工作者的一切工作都是以扩大医院的影响力、提升医院的知名度和树立医院的良好形象为出发点。最为典型的是 Z 医院，医务社会工作部成立于 2013 年 10 月，与医院宣传部合署办公，其具体的工作职能如下。

①全面负责全院对外宣传的管理运行和组织策划，通过多种形式、渠道做好医院各类大型活动的新闻和科普宣传，持续 Z 医院的品牌影响力和社会美誉度。

②负责医院内部宣传阵地的建设和管理运行，通过这些阵地开展院内宣传思想教育和文化建设工作；内部宣传阵地包括医院宣传栏、官方网站、《肿瘤医院报》等传统媒体和医院官方微信、微博等新媒体，以及院史陈列馆等载体。

③做好重大活动、节日、纪念日的医院环境的布置工作。负责院内重大活动的摄影、摄像及各类相关文化产品（海报、宣传手册、大展架等）的设计与制作工作。

④做好医院中长期品牌战略规划、VI－导向设计。创建完善，统一的 VI 设计，做好日常标志标识的维护工作，提高医院形象、优化患者就医流程。

⑤志愿者基地管理（与上海市志愿者协会联系及对接；志愿服务项目设计、志愿者招募、统计、考评；志愿服务基地年终总结等；与志愿者基地管理相关的其他事务）。

⑥心理援助中心服务管理（"帮帮热线"、"1＋1"面询、团体咨询安排等；心理援助中心各类台账及数据统计等；与心理援助中心相关的其他事务）。

⑦做好肿瘤医院专项基金日常管理工作（与基金会联络及对接；公益服务项目设计、申报、报销审核、项目总结等；专项基金年终总结上报；与专项基金相关的其他事务）。

⑧医务社会工作项目管理（社会工作专业实习生管理；社会工作示范基地创建工作；医务社工项目设计、实施及管理；与医务社工发展相关的其他工作）。

⑨完成上级主管单位和院党政领导交办的其他工作。（摘自 Z 医院官网）

从上述材料可以看出，医务社工部几乎等同于宣传部，极大部分时间和精力都用在医院的宣传和形象塑造上，医务社会工作实务只占医务社会工作者工作极小的一部分，专业服务没有得到应有的重视。

（4）以志愿者为主的医务社会工作实务模式

在这类实务模式中，服务的提供主体是志愿者，由医务社会工作者进行统筹和管理。具体体现为志愿者的招募、为志愿者提供岗前培训、策划志愿服务活动等，比较典型的是 X 医院。

2008 年，X 医院设立了医务社会工作部，同年成立了义工服务站，先后创建"区志愿者服务基地""市志愿者服务基地"。志愿者本着奉献他人、提升自己的志愿服务理念和互助、友爱、奉献、进步的志愿者精神，为医院内的患者及其家属提供服务。志愿者主要服务内容包括：①门诊导医助医，引导和帮助患者挂号、就医和取药，安抚患者及其家属的不安情绪，维护医院秩序，营造良好的就医环境；②病房探访，进入儿科、康复病科和老年科病房陪伴患者，缓解患者的紧张情绪，提升患者战胜疾病的信心；③病友小组以及俱乐部活动，志愿者参与到患者的小组活动中，通过分享康复经验，与小组成员互动，促进患者的康复；④文化活动服务，医院与周边音乐学院和社区合作，定期有志愿者在门诊和病房进行各种形式的艺术表演，比如门诊的钢琴演奏、沪剧进病房等。目前已经形成一支包括康复志愿者、心理咨询师、音乐老师等人员构成的优秀志愿者队伍。

显然，社会工作者的大部分时间和精力都放在这些志愿者队伍的管理上，包括招募、培训、组织、协调和激励，以及志愿服务内容的设计与实施等方面，而对专业的社会工作服务则少有顾及。

（5）过渡阶段的医务社会工作实务模式

所谓过渡阶段的实务模式，是指工作内容正在以行政工作、党务工作为主向专业的医务社会工作服务转变，行政工作开始变少；聘用专职社工，而非医护人员转岗，服务理念和服务方法也开始从传统的行政工作方式转变为专业社会工作且医务社会工作部门有独立的趋势。比较典型的是 S 社区卫生服务中心，虽然医务社会工作者隶属于院办人员，仅有一名专业社会工作者，且其开展工作也仅一年，但在借鉴其他医院的医务社会工作实务经验的基础上，加之参与医务社会工作实务的相关学习培训，医院领导的支持和医护人员对医务社会工作的认同，以及不断地投入医院环境中的社会工作服务实践，这名医务社会工作者的能力不断提升，从最初的医务社会工作者接手志愿者管理，协助院长开展工作，整理文书材料、撰写新闻稿等开始，至今已在开展医务社会工作实务方面取得了一定的成效，尤其是临终关怀、哀伤辅导以及老年人及家属小组工作的专业服务等已经形成特色。

五　上海医务社会工作实务发展的对策建议

虽然，上海医务社会工作发展态势良好，但是，为了使医务社会工作实务模式更加顺利地进一步发展，本文提出一些对策建议，供相关政府部门、医务社会工作机构和医务社会工作者等借鉴参考。

1. 加强政府对医务社会工作的重视

从国外的发展经验来看，医务社会工作的发展与本国的社会福利制度与社会保障制度是分不开的，中国相关社会福利的制度建设还远远落后于西方发达国家，对于中国内地来说，医务社会工作还是一种比较新的工作，它涉及新的理论、政策和工作机制。而这些社会福利制度和社会保障制度大部分设想还停留在报告或者文件里，尚未真正成为可以助人的实践。政府对于医务社会工作在完善社会福利保障、缓和社会关系和促进社会进步方面发挥的作用认识不足，医务社会工作没有得到相应的重视，同时受传统民政工作方式的影响，医务社会工作被看作行政工作，与医院的其他部门，如党办、团委、院办或者其他部门的工作职责混为一谈，缺乏相关的政策和法规作为指导。

因此，医务社会工作的发展需要政府意识到医务社会工作在改善医患关系、缓和医患矛盾、帮助弱势群体方面发挥的作用，把医务社会工作当作一个重要的领域来发展，从政策和法规层面来推动医务社会工作的专业化和职业化，主要包括以下两个方面。

（1）落实人事制度

早在 2003 年，上海市已经在相关的政策文件中把社会工作的资格认证纳入技术人员的职业资格范围内，但并没有提到医务社会工作者。2004 年，《社会工作者国家职业标准》出台，标志着社会工作者作为一种新的职业被正式确立，但医务社会工作方面的制度建设仍然是空白，医务社会工作者在医院中的职业定位处于一种尴尬的境地，并且在不同的医院，医务社会工作者的地位差距很大，在一些综合性的三级甲等医院中，医务社会工作者属于技术岗位，且和其他的医护人员一样，具有国家编制，同时，其收入与医院的整体收益挂钩，享受同等的薪酬福利待遇，但很多医院大部分医务社会工作岗位仍然是行政岗位，医务社会工作者的职业发展受到一定的限制。因此落实人事制度、完善医务社会工作的制度建设是解决当前问题的关键一环，给予医务社会工作职业和其他职业同等发展的制度保障，明确职业定位、薪酬待遇和晋升机制。

（2）确立职业评价制度

医务社会工作者认证评价是指对他们专业能力和工作状况的评价，从国外经验来看，主要有执照制度、注册制度、职业资格制度、职称管理制度等（李平、郭永松、吴水珍等，2009），这些制度都是职业化建设的关键。医务社会工作的职业评价制度的建设可以参照上海市司法社工体制，上海市于 2008 年推出了《关于建立禁毒、社区矫正、青少年事务社会工作者职业晋阶制度的意见》，其中提出了职业晋阶制度，共分为五个职务段，其中每个等级内部又设置若干级别，加起来共有 26 个等级。每一等阶向上晋升主要是由晋职评审委员会综合考量每位工作人员的学历、资质、工作年限和参加晋职考试的情况，从而完成职业的晋升（曹彦，2009）。相应的，社会工作者的收入随着工作年限的增长和等级的提高而增加，这种制度设置极大地激发了工作积极性，同时，也会为社会工作者的职业晋升提供了良好的上升渠道。医务社会工作的发展过程中，同样可以以此为参照，借鉴国外已有的各种医务社会工作者评价办法，确立一套符合自身实际的评价制度，包括服务成效的评价、薪酬的涨停机制、医务社会工作者的定期考核等。

2. 完善医务社会工作专业教育和在职教育

在我国，医务社会工作专业和医务社会工作者的社会认同和自我认同都处于较低的状态，除了医务社会工作专业本身的发展历史较短、没有形成完善的制度保障等外部因素之外，医务社会工作者本身的能力不足也是影响专业认同和职业认同的重要原因，因此从根源上完善目前高校中的社会工作专业教育以及弥补先天不足的在职教育就显得尤为必要。

（1）完善高校医务社会工作专业教育

医务社会工作是社会工作领域中专业性和技术性都很强的重要分支

（张一奇等，2009），因此对医务社会工作教育提出了更高的要求，需要培养出一批优秀的医务社会工作人才。目前我国越来越多的学校开设了社会工作专业，课程上侧重于社会工作基础课程，包括理论知识、实务课程以及宏观政策方面，但对于医务社会工作等课程，没有作为一门主要的课程给予讲授，很多学校甚至并没有开设医务社会工作相关课程，这对毕业后进入医院工作的学生在开展医务社会工作实务时提出了挑战。另外，医学知识的空白也给医务社会工作毕业的学生融入医院的环境系统造成了困难。

针对目前存在的问题，首先，高校需要增设医务社会工作专业的课程，注重实务技巧的锻炼和模拟；其次，学校与医院开展合作，邀请医护人员为学生教授基本医务知识，如果高校中有医学相关专业，可以开展学院之间的合作，共享师资资源。

（2）加强医务社会工作者的在职培训和教育

目前我国医务社会工作者是由转岗人员和高校毕业生组成的，转岗人员中除了医护人员，还有行政人员，高校毕业生则主要是社会工作专业毕业生，其中前者仍然在医务社会工作职业群体中占据相当大的比例，医院系统和教育系统是两个截然不同的系统，只具备一种医学或社会工作专业背景都不能称之为一名专业合格的医务社会工作者。

对于转岗而来的医护工作人员来说，主要侧重于社会工作专业知识和实务技巧的培训。医院可以与高校、政府合作，开设专门的培训班，由政府出资聘请理论知识和实务经验丰富的讲师为医护人员进行授课，除了理论知识，还包括沟通能力、语言能力、技术能力等实务技巧，并通过考试检验学习效果。而对于社会工作专业背景出身的学生来说，主要侧重于医学知识方面的学习，比如病理学、药理学、护理基础知识、免疫学、医学心理学等方面，除了可以请医师在医院开设相关的课程外，医务社会工作者本人还可以通过网络课程、医学书籍等方式来习得相关的医学知识，但最重要的是初入职的社会工作者应该充分自觉地参加日常的病房探访，在实践中补充自身的医学知识，活学活用。同时，了解医疗机构的工作流程也可以使毕业生尽快融入医务系统。

不管是哪一种专业背景出身，对于先天不足的医务社会工作者职业群体来说，在职教育都是高效快速的弥补不足的方式。在加快在职教育发展的过程中，学校、医院、社会组织等可以提供不同的资源，合力构建一套成熟系统的在职教育培训体系，快速提高医务社会工作者的服务质量和服务水平。

3. 确立医务社会工作部门职能和岗位设置

（1）设置独立的医务社会工作部门

前面已经探讨独立设置医务社会工作部门的诸多益处，比如医务社会工作者的自主性增强、一定程度上保障了服务的专业性等，但由于医务社会工作部门相比于其他传统医疗部门，作用相对较轻，且发挥的作用不像医护人员那么立竿见影，因此很多医院为了节约医疗资源，倾向于把医务社会工作设置在别的部门下面，这样不利于医务社会工作的专业化发展。因此，为了加快医务社会工作的发展进程，在医务社会工作发展初期，政府应用优惠政策来鼓励更多的医院独立设置医务社会工作部，比如政府部门承担医务社会工作者的薪酬、培训、福利待遇等费用。

（2）明确医务社会工作部门规范

与医疗机构系统中的医务科室相比，医务社会工作部的专业性高于其行政性，但同时又需要确保和医院的行政管理制度并行不悖。在越来越受市场经济法则支配的医疗体系中保障自身的专业性，真正为患者及其家属提供福利服务，其自身应该设置一套需遵循的基本准则。大致包括以下几个方面：医务社会工作部门的场地、名称以及在医院行政系统中的位置；医务社会工作者的就职资格，最好具备双重背景，拥有硕士学历；医务社会工作者的工作内容、专业工作和行政工作的界限、职责范围明确；医务社会工作部门的发展规划和目标等。

（3）医务社会工作岗位设置

目前我国的医务社会工作者岗位配置标准是按照每 300~500 张床配备一名医务社会工作者，而从实际情况来看，这个比例远远无法满足医务社会工作实务中的需求，究竟应该按照什么样的标准来设置医务社会工作岗位并没有一个一刀切的标准，需要考虑医院的实际情况，但不妨参考北京协和医院的历史经验。协和医院创立医务社会工作部之初（时称社会服务部）只有 2 名社会工作者，1935 年增加至 21 名，其中医务社会工作部主任1 名，主要负责医务社会工作部全部工作的管理和年度计划的制订，其中有3 名助手和秘书协助主任的工作；副主任 1 名，主要负责辅导和指导初级社会工作者的工作；15 名全日制社会个案工作者分布在医院病房和服务部门，直接面对病人和家属提供专业的帮助服务。协和医院的医务社会工作者的数量是按照病房配备的，而且这种配备方式有很多好处，医务社会工作者可以全面了解、熟悉本科室医疗服务和相关医学知识，也可以全面了解和熟悉本科室的医护人员。最为重要的是，医务社会工作者自病人一住院就开始与病人接触，了解和熟悉病人的个人特质、疾病类型与严重程度，疾病病源和成因，家庭成员的构成、亲属关系、朋友网络、家庭生活状况、职业状况、收入来源和收入水平以及健康情况，既能为医生诊治疾病提供有价值的参考信息，又能确实充当医生与病人之间沟通的桥梁，还有助于将各种不利的因素消灭在萌芽状态中，防患于未然，有利于改善医患关系，提高服务质量，增加医疗服务的人文关怀和社会福利色彩，更好地塑造医院的社会形象。

志愿者，这样的人员没有专业上硬性的要求，但需要拥有社会工作职业资格证书。

4. 加大医务社会工作的宣传力度

社会大众和医护人员对医务社会工作认同感较低，是影响医务社会工作发展的重要因素，因此应加大对医院社会工作的宣传力度。首先是医院内部的宣传，利用医院的滚动显示屏、宣传栏、院报、官方网站、微信、微博等平台对医务社会工作的活动内容与医务社会工作者的作用进行报道和宣传。在本研究选取的七家医院中只有三家医院在官方网站有对医务社会工作活动的详细介绍，其中 D 医院自 2000 年成立社工部以来共刊登医务社会工作相关新闻 31 条，慈善公益方面 55 条，服务摄影 10 条，志愿服务相关内容 74 条，在数量方面是非常少的。其次是可以参考台湾地区的经验，为扩大医务社会工作的社会影响力，每次开展活动都邀请媒体全程参与，对于优秀的医务社会工作者和感人事迹进行采访报道，并在主流新闻平台宣传和播放，且媒体报道的数量有一定的指标，这对于宣传医务社会工作者这一职业无疑有很大帮助。

参考文献

曹富平，2012，《职业化背景下医务社工实务模式拓展——以某高校实习基地专业实践为例》，硕士学位论文，华中师范大学。

曹彦，2009，《中致社区服务社为上海司法社工体制带来的改革和创新》，《上海党史与党建》第 10 期。

陈玉琼、陈娟、周帮旻、韩宽怀、林晖、黄金星、袁菊芳、杨玉玲、李桃蓉，2016，《医务社会工作者"1234＋"模式在不合理滞留住院患者危机管理中的应用》，《中国医院》第 10 期。

陈玉婷、季庆英，2014，《公立医院如何引进医务社工》，《中国社会工作》第 3 期。

戴羽、郭永松、张良吉、吴永珍、骆啸，2009，《医务社会工作机构与岗位设置研究》，《中国医院管理》第 2 期。

杜丽娜，2016，《我国港台地区医务社会工作比较与启示》，《中国医院》第 8 期。

《关于印发〈关于推进医务社会工作人才队伍建设的实施意见（试行）〉的通知》，上海市卫生局，http://www.shanghai.gov.cn/shanghai/node2314/node2319/node12344/u26ai31003.html，2012 年 2 月 13 日。

郭永松、吴水珍、张良吉、骆啸、戴羽、向晓凯，2009，《我国医务社会工作现状研究》，《医学与社会》第 2 期。

李娟，2016，《我国医务社会工作发展模式的比较研究》，《中国卫生事业管理》第 5 期。

李平、郭永松、吴水珍、张良吉、骆啸，2009，《开展医务社会工作的相关政策与制度研究》，《中国医院管理》第 2 期。

李雅倩、李丹阳、刘博维，2015，《医务社工进驻医院的可行性分析及模式探索》，《卫生与医疗管理》第 8 期。

廖荣利，1999，《医疗社会工作》，台北：巨流图书公司。

刘斌志，2007，《我国医院社会工作部门的设置与功能运用》，《中国医院管理》第 9 期。

刘继同，2012，《改革开放 30 年以来中国医务社会工作的历史回顾、现状与前瞻》，《社会工作》第 7 期。

刘继同，2008，《医务社会工作导论》，高等教育出版社。

刘继同，2014，《中国特色社会工作实务"基本问题清单"与"通用型"社会工作实务模式（上）》，《社会福利》第 1 期。

刘继同，2014，《中国特色社会工作实务"基本问题清单"与"通用型"社会工作实务模式（下）》，《社会福利》第 2 期。

刘岚，2011，《我国医务社会工作制度及政策研究》，博士学位论文，华中科技大学。

刘岚、孟群，2010，《当前我国几种医务社会工作实务模式的比较》，《医学与社会》第 2 期。

孟馥、丁振明、张一奇，2012，《浅析医务社会工作职前及在职教育中的缺项》，《福建医科大学学报》（社会科学版）第 3 期。

秦安兰、吴继霞，2014，《医务社会工作学校、医院与社会合作模式》，《医学与哲学》第 2 期。

区月华、陈丽云，1996，《医务社会工作》，台北：巨流图书公司。

孙振军、杜勤，2014，《对于医务社工在开展志愿服务项目中的角色探讨》，《中国医学伦理学》第 4 期。

王思斌，1999，《社会工作概论》，高等教育出版社。

卫生部人事司，2007，《全国卫生系统社会工作和医务社会工作人才队伍现状调查与岗位设置政策研究报告》，《国务院内部政策咨询报告》。

温信学，2011，《医务社会工作》，台北：洪叶文化。

许廉、朱建民、赵桂绒、陶慧佳，2014，《构建医务社会工作和志愿服务的联动发展模式》，《中国医院》第 6 期。

张一奇，2010，《上海市综合性医院社会工作模式的建立与评价——以同济大学附属东方医院为例》，《现代医院管理》第 2 期。

张一奇、黄庆恒、王志文、冯晓灵、康文萍，2003，《在现代化医院中开展医务社会工作的探讨》，《中国医院管理》第 2 期。

张一奇、孟馥，2009，《医务社会工作浅析》，《现代医院管理》第 6 期。

朱凡，2010，《上海市医务社会工作现状研究》，硕士学位论文，上海交通大学。

祝平燕、曹富平、祝松，2011，《医务社会工作实务模式的拓展及制度设立——以某高校实习基地专业实践为例》，《社会工作》（实务版）第 12 期。

Bate，H. A. 1965. "The Medical Social Worker," *Physiotherapy. Vol 51. No. 11.*

Blackburn，C. 1990. "Poverty and Health：Working with Families", *Open University Press.*

Clan，C. L. W.，Yu Chan & Vivian W. Q. L. 2002. "Evaluating an Empowerment Group for Divorced Chinese women in Hong Kong," *Research on Social Work Practice.*

Laroque，P，Daley，A. 1956. "Health and Social Workers in England and France," *Geneva：WHO.*

都市社会工作研究　第 7 辑

第 104～124 页

© SSAP，2020

大学新生人际适应问题的小组工作介入研究

——以 W 成长小组为例

邓文龙[*]

摘　要　2014 年以来，党和政府提出加强青少年事务社会工作人才队伍建设，服务青少年成长发展领域。大学阶段正是青年发展的重要时期，既有成长的契机，又可能面临许多问题，其中人际适应问题更为突出。本研究先使用中国大学生适应量表对 F 学院两个专业新生适应状况进行测量，并从中筛选出人际适应维度得分较低的 6 名同学作为研究对象。接下来采用半结构式访谈、问卷、环境调查等方法对研究对象在人际适应问题上的表现和成因进行了解，并对其需求进行了具体界定。根据研究对象的问题和需求，结合小组动力学理论，笔者选取成长小组的形式对大学新生的人际适应问题进行专业介入。小组活动结束后，采取多种方法对小组介入成效进行了评估，结果显示，小组工作在解决大学新生人际适应问题方面具有较好的效果和优势，表现为组员能够形成比较客观的人际认知，掌握了一定的人际交往技巧，并能将小组中学习到的经验技巧运用到生活中。

关键词　大学新生　小组工作　人际适应

＊　邓文龙，上海大学社会工作系硕士研究生，主要研究领域为学校社会工作、青少年社会工作等。

一　前言

（一）研究背景

大学阶段是个体人生观、价值观、世界观形成的重要时期。大学的集体生活让新生接触了来自不同成长环境和教育背景的同学，通过人际互动和人际交往为适应社会提前做准备。然而在进入这样新的生活环境时，大学新生往往会面临许多适应方面的问题，如生活适应、学习适应等，其中人际适应方面的问题表现得较为突出。笔者通过担任新生班导生期间的观察和交流，以及与辅导员的交谈，发现新生人际适应问题的主要表现有：因为性格问题独来独往，难以融入集体；有交友的意愿但因缺乏交往技巧导致人际关系紧张，与异性交往存在困扰，浅层次的交往多而缺少知心朋友等。

总的来说，我国各高校应对大学新生人际适应问题的对策主要包括：新生入学心理测评、入学教育、辅导员谈话和心理健康中心开展的团队心理辅导活动。这些措施在一定时期和一定程度上产生了积极效果，但鉴于主客观条件的限制，并不能深入了解新生人际适应问题的成因，也无法提供具体而有针对性的服务。

2014年1月10日，共青团中央、中央综治办、民政部等六部门共同制定了《关于加强青少年事务社会工作专业人才队伍建设的意见》，提出要发展青少年事务社会工作，服务青少年成长发展领域，为青少年提供正确的行为指导和良好的习惯训练，帮助他们形成良好的学习、生活以及行为习惯。小组工作作为社会工作三大工作方法之一，能通过成员间的互动帮助服务对象挖掘自身的潜能，学习处理问题的方法，从而有效地回应新生人际适应方面的问题。因此，将小组工作应用于解决大学新生人际适应问题，不仅能增强他们在人际适应方面的能力，而且能对现有干预措施的不足之处进行补充。

（二）具体研究问题

本研究以选定的大学入学新生为研究对象，主要讨论以下几个方面的问题：

第一，了解人际适应的定义及内容；

第二，了解研究对象的人际适应水平；

第三，分析研究对象人际适应问题的表现和原因；

第四，通过参与式观察方法，对小组活动过程进行总结反思，并检验小组工作介入大学新生人际适应问题的成效。

（三）研究意义

1. 理论意义

在社会工作领域，对于新生入学适应的研究还不够细化。本研究将视角从入学适应具体到人际适应，运用社会工作理论和小组工作方法介入此问题，为新生适应性教育提供新的视角，也为新生人际交往理论提供参考。在开展实务工作的过程中，对有关的实务模式进行检验和补充。

学校社会工作、儿童青少年社会工作是当前社会工作学科的重要领域，通过运用小组工作方法介入大学新生的人际适应问题，有利于丰富这两个领域的相关理论，为社会工作的本土化研究提供参考。

2. 现实意义

开展针对新生人际适应问题的社会工作介入，有利于在大学这个重要转折期帮助新生树立正确的世界观、人生观和价值观，丰富大学生活，防止可能出现的退学、同学冲突等危机。

解决新生的人际适应问题对高校人才培养有着重要的作用，高校目前采用的入学教育和团体辅导等方式仍有较多的不足之处，引入社会工作的理念和方法，能够丰富入校教育的内容，切实回应学生的需求，有利于改善学生的心理健康状况，促进其全面发展。

人际适应显然是社会适应的重要部分，在大学阶段解决人际适应问题对个体未来的成长发展十分重要。新生在大学期间建立起社会支持网络、学会处理人际关系的经验方法，在其步入社会之后就能够更好地做出贡献，避免因此问题引起的意外和暴力事件，从而促进社会的和谐发展。

（四）概念界定

人际适应也称为人际关系适应，是大学新生适应的一个方面。为了后续的研究和分析，需要对人际适应的概念进行操作化。

鲁维颖（2016）认为，人际适应是个体为了满足自身人际交往的需要，在尊重、信任和宽容的基础上，积极主动地调试自己的意识观念和行为活

动以适应新的人际交往环境，从而与他人进行良好的人际交往的过程。也
有学者指出人际适应属于人格特征，这种人格特征表现为乐群、协同、信
任及利他。综合一些学者的观点，笔者将人际适应界定为一种心理能力，
个体为满足自身需求能够调整自我行为以及改变交往环境或他人，与他人
保持和谐互动，并不断适应变化的环境的能力。特别需要指出的是，应该
对人际交往、人际关系和人际适应等进行区分（王钢，2007）（见图1）。

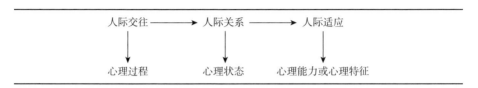

图1 有关概念区分

关于人际适应的维度划分和指标发展，学界亦有许多成熟的研究可供
参考。方晓义（2005）设计的中国大学生适应量表中有7个维度，其中人
际适应包括两个子维度，即现状和调节。此量表为教育部"大学生心理健
康测评系统"的项目成果，共有60个问题，分为7个维度，分别是生活适
应、择业适应、自我适应、人际适应、情绪适应、学习适应和满意度。经
检验，总量表的信度系数高达0.93，人际适应维度的信度系数为0.81，而
再测信度也达到了0.997，具有良好的信度和效度。在借鉴国内外研究的基
础上，王钢（2007）设计了大学生人际适应性量表，划分为人际认知、人
际互动和人际监控三个维度。可以看出，大学生的人际认知是两个研究的
共同关注点，由于笔者采用了方晓义编制的量表，因此将人际适应的维度
划分为人际认知、社交能力、综合评价三个方面，三个方面的关系如图2
所示。

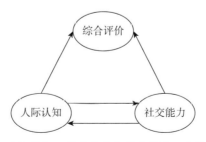

图2 人际认知、社交能力和综合评价三者的关系

二 文献综述

(一) 国内研究情况

1. 对人际适应内容的探讨

在关于大学生的研究中一般将人际适应作为入学适应的一个维度进行探讨。陶沙 (2003) 认为大学是个体重要的转折期,在这一时期既存在成长发展的契机,也面临着新的问题,包括生活自理适应、学业适应、身心症状、人际适应及环境认同五个方面,其中人际适应问题可能长期存在。具体来看,陈建文 (2001) 提出了"人格特征说",即人际适应属人格特征,将其视作个体社会适应的重要内容,这种人格特征通过乐群、协同、信任及利他四个特点表现出来。王维杰 (2006) 将人际适应问题一分为二地看待,一方面是行为上表现,例如人际羞怯,过分关注自己的表现;人际期望过高,难以包容差异;以自我或者他人为中心的极端倾向。另一方面则是心理上的表现,包括在人际交往过程中产生的自负、自卑、畏惧等心理。

2. 影响人际适应的因素

根据笔者收集的文献资料,现有关于人际适应影响因素的研究主要采用定量研究的方法,运用统计分析手段验证相关关系,定性研究的数量不多且主要是采用访谈得出相应的结论。结合两种研究方法所得到的结论,笔者从宏观、中观、微观三方面对影响人际适应的因素进行整理。

宏观方面,社会支持一直被认为是影响个体适应的重要因素。陶沙 (2003) 指出,已有的研究中大多倾向于讨论社会支持与社会适应的联系,而较少地讨论社会支持与适应的不同方面 (生活、学习、人际) 的关系是否存在差异,创新性地讨论了社会支持在个体转折期对人际适应的影响,最终得出结论:社会支持能对人际适应水平做出较好的预测。李昊和侯玉波 (2017) 则从文化冲突的角度思考影响人际适应的因素,不同文化环境下的个体会有不同与外界互动的方式和倾向,在环境发生变化时 (跨文化环境),个体已经形成的自我概念难以应对新的变化从而导致人际适应问题。

中观方面,谢莉 (2014) 利用中国大学生适应量表和班级凝聚力量表对新生进行调查,统计分析结果显示,班级凝聚力与学生的适应能力存在显著的正相关关系,提出应通过增强同伴关系和团队集体荣誉感改善个体的适应水平。屠嘉俊等（2016）通过数据统计分析，认为父母支持对大学新生的人际适应水平有一定的正向预测作用，进一步推测家庭教养对于个体的人际适应有一定的影响。

微观方面，主要是讨论人格与人际适应的关系。张冲（2014）提出，情绪智力对处理积极情绪和消极情绪有着重要的作用，而对这些情绪的处理影响着个体的人际关系，因此可以认为情绪智力对人际适应起着中介作用。陈晓和徐菲（2012）则将自我同一性划分为探索、承诺、意识形态、人际关系四个维度，通过回归分析发现其对人际适应的解释力较强。

3. 干预措施的探讨

针对大学新生人际适应的问题，学界提出的干预措施主要有沙盘游戏、团体心理辅导和社会工作介入。陈礼灶（2015）将应用于心理治疗的沙盘游戏创新性地用于提升大学生的人际交往能力，通过沙盘游戏对大学生的实证干预，讨论沙盘游戏对提升人际适应能力的效果。这种干预措施的不足之处在于对陪伴者的能力要求较高，同时要取得效果需要开展的活动次数也很多。此外，团体心理辅导也是介入人际适应问题的常用手段，吴素梅和谭焙垚（2009）对 22 名学生开展了团体心理辅导，利用人际冲突解决量表和活动满意度评估表进行了评估，结果显示，实验组相比对照组在人际适应能力方面有所提升。在已有的文献资料中，社会工作的介入思路主要是：首先采用问卷（量表）调查和半结构式访谈发现问题，并进行文献资料的整理，然后开展实务工作介入，最后进行评估和总结反思。学者们从不同的视角审视人际适应问题，运用个案工作、小组工作、个案管理等多种方法进行干预，为笔者的研究提供了很多重要的经验。

（二）国外研究情况

国外学者从 20 世纪以来便开始研究人际适应的相关内容，但主要是将其作为社会适应的一个方面来进行。Catalina（2014）通过文献综述具体地探讨了人际适应的概念，将人际适应定义为：改变自我行为以适应不同的交流对象。其认为人际适应是社会互动的重要基础，调和、模仿、同步是这个概念的三大表现特征。文章还划分了人际适应的四个维度，首先是人际适应的行为特征，其次是产生这些行为的心理逻辑，然后是同伴对行为的接受程度，最后是人际适应对人际关系的影响。Hermann（2017）设计了针对大学生人际交往能力发展的测量方案，他在结论中提到大学新生对人际交往或许已经有足够的了解，但多数人不知道如何改变或提升这种能力。从现有的资料来看，国外研究侧重于对人际适应概念的整理和原因的分析，即理论分析。

（三） 文献评述

通过对中外文献的梳理，国内外的研究对大学新生人际适应都有所涉及。国外的研究一般采用文献法和问卷调查法，一方面是利用文献资料整理总结人际适应的定义和特征，另一方面是对问卷收集的数据进行统计分析，重点剖析人际适应问题的成因或影响因素。由此不难看出国外研究的重点为理论方向，人际适应仅作为社会适应概念的一方面来考虑，缺少具体的讨论。

就国内研究的情况来看，有明显的不同。国内学者对此问题的文献综述也比较丰富，但更明显的特点是重视通过实务项目的介入来检验干预效果，并利用统计分析工具进行需求评估和成效评估，最终总结经验。本文的研究从国内已有研究中汲取了许多有益经验，在此基础上针对大学新生适应问题进行了更加细化、更加有针对性的研究。

三 理论视角和研究方法

（一） 理论视角

勒温首先提出了"小组动力学"这一术语，是其将场域理论应用于团体行为研究后提出的概念，旨在研究小组的形成发展、团体对个体的影响、成员关系、组内冲突等小组行为。该理论的特点是将小组看作动力整体，研究平衡和实践的关系，认为变化与反变化的张力刺激小组实现共同目标（黄丽华，2003）。小组动力学认为，小组的民主氛围能够给小组发展带来积极的动力，组员在互动中不断学习有益经验，增进自我洞察和自我接纳能力，实现小组的共同目标，促进小组及组员的成长。

笔者在设计和开展小组时，始终重视在不同阶段对小组动力的分析。学界对小组发展阶段进行划分的依据正是小组动力形成的逻辑。以笔者采用的五阶段划分法为例，在组合前期，小组的动力来源于外部，主要是在工作者的支持和鼓励下尝试小组互动和表现自我。在权力与控制期，小组动力逐渐由内部产生，组员之间互动并建立起稳定的关系推动着小组的发展。需要注意的是，在这一转折时期，小组冲突容易产生，如果冲突能得到适当地处理便可以转化为小组发展的动力，因此需要工作者对特殊组员给予更多的关注。到了亲密期，组员相互之间已经有了充分的了解，小组动力来自组员之间紧密的互动，小组凝聚力明显加强。在分辨期和分离期，小组趋于整合和成熟，组员在小组内部自在地发表见解，小组工作者应做好小组学习经验的巩固，适当地处理离别问题。

小组动力也与专业方法和技巧的运用有关，归根结底组员发展和改变的动力来自自身，利用哪些技巧引发这些动力是工作者的重要任务。例如对质和澄清的技巧，工作者引导组员勇敢呈现内心世界，共同面对令人不快、沮丧甚至痛苦的问题，这往往是诱发受助者改变的动力，从而能更好地实现小组目标。

（二）研究思路

本研究可以划分为准备阶段、干预阶段和总结阶段。在准备阶段，笔者通过与本院新生的交流接触，与老师、辅导员等沟通，发现人际适应问题具有突出性。接下来通过梳理和总结国内外关于大学新生人际适应问题的相关资料，简单了解问题的成因从而形成初步的认识。在干预阶段，笔者做出了"小组工作具备介入大学新生人际适应问题的优势"这样的假设，在此基础上结合中国大学生适应量表和半结构式访谈的方法对新生人际适应问题和需求有了进一步掌握。在需求预估的基础上完成小组计划书，招募组员并进行实务干预。在总结阶段，采用多种评估方法对小组干预成效进行评估，检验小组干预效果，并对整个过程进行总结反思。

（三）具体研究方法

1. 参与式观察

参与式观察的最主要目的是通过全面的观察以便获取第一手的资料，因此根据研究目的实际参与到研究对象群体及其活动中十分必要。笔者参与了"We up 成长小组"项目，主要角色是观察者和领导者，在项目开展过程中收集相关资料，并进行了整合和反思。

2. 半结构式访谈

半结构式访谈即工作者与研究对象之间进行有目的的谈话来收集资料的研究方法。笔者借鉴了相关文献的经验，从人际认知、社交能力、综合评价这三个方面设计了访谈大纲和问题。此外，笔者结合实际情况发现，异性交往问题能够较好地反映大学新生人际认知和社交能力状况，因此在访谈大纲中设计了相关问题。一方面，弥补定量研究资料的不足之处，如参与意愿、改变的动机等；另一方面，可以对人际适应问题进行更具体、更深入的讨论，明确服务对象的需求和问题。访谈对象基本信息如表 1 所示。

表 1 访谈对象基本信息

访谈对象	性别	年龄（岁）	专业
A 同学	男	18	社会工作
B 同学	女	17	社会工作
C 同学	女	18	社会工作
D 同学	女	18	法学
E 同学	男	19	社会工作
F 同学	男	19	法学

四 问题表现和原因分析

（一）具体表现

通过前期量表的测量，笔者对六位组员的人际适应现状有了一定的掌握，之后采用半结构式访谈的方法与每一位组员进行了交流。经过对访谈资料和相关文献的梳理，笔者将组员的人际适应问题归纳为认知、行为、方法三个方面，而异性交往则综合体现了这三个方面的问题。

1. 消极自我评价

自我评价有两种途径，一是与他人比较来认知评价自我，二是分析某项活动的结果并进行自我观察。自我认知与自我评价显然与人际适应有着密切的联系。入学以后新生面临着各方面环境的变化，他们通过与别人的交往进行相互观察，从而形成对自我的认知。个体的活动是其内心活动的外化，因此自我认知也可以通过分析自己的活动成果来实现。

就通常的印象而言，学生干部一般人际关系良好，存在人际适应问题的可能较小。但在笔者与小组成员 A 同学和 F 同学的会谈中发现，他们对自己在人际适应方面的评价都较低。他们作为学生干部在处理班级事务和学生工作时，难免会与同学、室友发生争执，如果不能恰当地处理就会产生隔阂。这种矛盾会引起人际关系的疏离，身边同学形成的小团体让他们感到被孤立，工作中遇到的问题引发的失败情感体验，也会进一步加深这种认识。需要注意的是，笔者对他们同学走访了解发现，他们在同学们眼中多被评价为"负责、人缘好"，即自我评价与他人评价不相符，且自我评价往往偏消极。

2. 缺少知心朋友

对他人的认知是指与他人互动时通过对他人的外部特征的感知，来加以判断的心理活动过程（薛可、余明阳，2007）。自卑与自负都是人际交往中常见的心理障碍，会影响对他人的认知与评价。小组成员 B 同学坦言自己在大学里缺少知心朋友，没有人能够让她与之进行深入、交心的交流。她提到自己是因高考发挥失常而来到目前的学校，能够和身边的朋友保持表面上很好的关系，可一旦深入交流就会出现很大的分歧。另一位同学坦言入学半年以来，她仍旧与在成都的高中同学保持紧密联系，不知道如何融入新的集体，也没有特别合适的朋友。

变化的环境的确容易诱发个体情绪及心理不稳定因素。自负心理往往伴随着过高的人际期望，导致个体对他人的认识片面化和绝对化，也就造成了人际交往的难以深入。同样自卑心理的个体易自我封闭，一旦人际交往中的需求没有得到满足就会更加退缩，转而寻求之前能够满足需求的途径，但人际交往应当是彼此满足需要的过程。

3. 社交能力较弱

随着社会的发展与进步，社交能力越来越成为新生重视的一种能力。社交能力是指和人发生联系、进行人际信息的沟通与交流，理解、协调相互的行为，以及处理人们之间相互关系的能力（梁志燊，1995）。良好的社交能力可以表现为对人际交往方法技巧的掌握以及人际交往良好习惯的养成。在对小组成员的访谈中笔者注意到，这两方面的问题表现得较为突出。

在准备阶段的小组讨论中，F 同学总是违背约定好的"每位成员单次发言不超过三分钟"的规则，具有过度的表达欲望，常常会偏离讨论的主题。即便已经有其他组员表现出了不满情绪，他也很难注意到。这种行为是典型的自我中心倾向，不关注他人感受。与之相对的习惯就是不善于倾听和合理的拒绝，E 同学谈到他的室友总是愿意向他倾诉自己的感受，自己听到后面其实已经忘了前面说了什么，但对方还是在说。有一次他直接打断了室友，不仅导致与室友关系有些紧张，E 同学自己也很难过。

4. 异性交往困扰

根据埃里克森的生命发展阶段理论，大学新生正处于成年早期阶段，特征是亲密对孤独。通过恋爱的方式与他人建立起亲密关系，从而获得亲密感，对个体来讲是非常重要的成长经历。大学的环境较为宽松，社交活动丰富多彩，容易引发新生恋爱的动机。然而由于高中时期客观条件的限制和压抑，大学新生对恋爱的认知和态度会出现偏差，如果没有了解正确的方法和技巧，则更易发生情感纠葛，对人际适应产生不良影响。

（二）产生原因

1. 人际认知偏差

人际认知是对人们之间的相互关系、沟通双方的特性状况、行为特点的认识，包括个人对他人、对自己及对人与人之间关系的认知。人际认知是主观的感受和评价，也是人际适应的前提和基础。根据认知的对象可以将人际认知分为 4 种类型，然而大部分同学对人际适应或者人际关系良好的标准存在认知上的偏差，导致了人际适应问题的产生。

自我认知就是对自己的个性、行为、需要及心理状态的认识。一个人只有正确地认识自己，才能恰当地协调人际关系，实现人际适应。但认知反应具有偏差性和防御性，所以个体在与认知对象有不愉快感觉后会产生提防心理，在这种感情状态下容易错误归因，形成对自我较低的评价。同时，这种提防心理还会让个体不愿意深入介绍自己或回避认知对方，导致了难以发展亲密关系，易产生疏离感。

2. 个体成长差异

结合人在情境中的视角和生态系统理论，个体始终处在与环境的交互作用中，个体参与的系统可以分为微观系统、中观系统和宏观系统。在微观系统中对人际适应产生最直接影响的便是性格。例如 MBTI 性格测量将性格划分为 4 个维度，每个维度都有两个对立的偏好，如外向与内向、感觉与直觉，这些指标明显地影响着个体的人际适应状况。家庭教养对个体成长也起着比较重要的作用，多个针对大学新生人际适应状况的问卷调查都显示，家庭收入水平以及父母婚姻状况都与个体的人际适应存在一定关系。此外，人始终处在与外部环境的互动中，人与环境的不良互动是问题产生的主要原因。面对大学这样全新的环境，新生们面临着角色身份的转变、新支持网络的建立，这些任务如果没有被妥善地处理就会转化成危机与挑战。

3. 方法技巧缺乏

实现良好的人际适应离不开合适的人际交往方法和技巧，而这些方法和技巧的缺乏在组员中却是普遍存在的问题。他们有良好的沟通意愿但不得其法，不知道如何与他人进行沟通，往往引发误会。大学新生在人际适应过程中往往面临着不善于倾听、单方面交流、缺乏表达技巧等问题，而对这些困境他们自己也很难察觉到。

五　介入的实务过程

（一）需求预估和界定

小组需求预估的方法是选取中国大学生适应量表（CCSAS）对组员适应现状进行测量，并且选取人际适应维度的结果作为基线数据。组员的测量数据如表2所示。

表2　人际适应部分——研究对象前测基本情况

单位：分

对象	人际认知	社交能力	综合评价	得分
A 同学	2.67	3.25	2.67	2.90
B 同学	2.00	3.50	2.00	2.60
C 同学	2.67	3.25	2.33	2.80
D 同学	1.00	3.00	1.00	1.80
E 同学	2.67	2.50	2.00	2.40
F 同学	2.00	3.25	2.33	2.60

根据量表编制的标准按照1~5分进行赋值，得分为4~5分为人际适应状况良好，3~4分为人际适应状况一般，2~3分为人际适应状况较差，1~2分为人际适应状况很差。6名组员的得分只有一名接近人际适应状况一般，其余均为人际适应状况较差或很差。此外，结合量表的几个维度，笔者编制了访谈大纲，通过半结构式访谈来了解服务对象的问题和需求。最后将组员的需求界定为：

（1）增进自我认知和自我了解；

（2）学习人际交往技巧，提升人际交往能力；

（3）寻求可以互相倾诉的对象或相互信任的集体；

（4）了解异性交往的相关知识和技巧。

（二）可行性分析

1. 客观条件

（1）小组活动均在学院提供的社工实验室开展，因此不需要担心场地问题，招募的对象为本院学生，开展活动的时间也比较容易安排。

（2）本次研究申请了学院的开放性实验项目，得到了学院老师的专业指导和经费上的支持。

（3）学校丰富的电子数据库和图书资料为本次研究提供了资料支持。

2. 成员性质

（1）主观意愿。小组成员的招募方式为发布通知海报并填写中国大学生适应量表，所选取的 6 名成员均为自愿报名，认为自己在人际交往和适应方面存在一定问题，想要获得帮助实现改变。

（2）挖掘潜能。根据问卷调查的结果，6 名小组成员在人际适应方面的得分均不高，这为小组工作的介入提供了条件。

（3）同质性问题。经过问卷调查的需求预估和面对面的座谈，笔者发现组员间存在的人际适应问题具有相似性，也就更容易有共同话题。小组工作理论认为这种同质性能够让成员更好地产生小组认同，形成更强的小组凝聚力。

（三）介入方案

结合小组动力学理论，笔者选取成长小组的形式对大学新生的人际适应问题进行专业介入，从促进自我认知、澄清人际交往价值观、学习人际交往技巧、换位思考等方面设计了小组主题活动。小组活动共有七节，每节活动约 80 分钟，活动地点位于学校的社工实验室；研究对象均为自愿报名，且在针对人际适应水平的量表测试中得分较低，有 3 男 3 女共 6 名同学，年龄在 17～19 岁。小组活动的大纲见表 3。

表 3　小组活动大纲

小组阶段	小组主题	目标	活动概述
组合前期	相逢即是缘	破冰与熟悉 营造小组氛围 澄清需求和目标 订立小组规范	（1）破冰游戏；（2）你的名字； （3）打枪游戏；（4）目标与期望； （5）小组规范；（6）总结分享

续表

小组阶段	小组主题	目标	活动概述
权力与控制期	成长的烦恼	进一步营造小组氛围 寻求共同话题 促进组员开放和互动	（1）欢迎仪式；（2）秉烛夜谈； （3）人际适应；（4）总结思考
	价值观澄清	澄清人际交往价值观 形成正确人际认知	（1）学习"海藻舞"；（2）曾经的我； （3）齐心协力；（4）故事分享； （5）总结思考
亲密期	我最知自我	认识和接纳自我 理性分析自我 强化自我认知	（1）学习"海藻舞"；（2）镜中我； （3）性格的秘密；（4）情绪管理； （5）总结思考
分辨期	沟通是艺术	同理和尊重他人 学习人际交往技巧	（1）学习"海藻舞"；（2）一元五角； （3）传话筒；（4）沟通技巧； （5）总结思考
	愿有你相伴	体会异性思维差异 换位思考和体验	（1）学习"海藻舞"；（2）男女有别； （3）模仿秀；（4）换位思考； （5）总结思考
分离期	未来的期许	巩固小组学习成果 树立信心，面对未来 处理离别情绪	（1）成果展示；（2）回顾与展望； （3）我能做到；（4）一切在你； （5）量表测量；（6）最后总结

（四）实施过程

1. 第二节小组活动

（1）组员的参与

经过了第一次活动，组员对彼此有了一定的认识，但在活动开始前组员相互握手拥抱时还是显得有些生疏，大家都选择了握手。在黑暗中烛光营造了非常温馨、安静的氛围，组员们的倾诉和交流的欲望非常强烈，每一位组员都认真地讲述自己的烦恼和故事，也积极地对其他人的想法进行回应，小组氛围非常热烈，组员们互动和参与的热情很高，所有人都非常投入。

（2）工作者的参与

这一节工作者的角色主要是支持者和倾听者，所用方法主要是积极倾听和同理。组员们的讨论虽然非常热烈，但也出现了有组员打断其他人发言的情况。针对这种情况，工作者引导大家反思和体会被打断发言的感受，学习认真倾听的技巧。对于组员们讲述的自己遭遇到的人际交往烦恼，工作者也利用同理的技巧给予总结和回应。本次活动氛围营造非常好，较大地促进了组员之间的信任与熟悉，但不足之处是对主题的把控不够到位，有时会偏离人际适应的主题，活动的时间也超出了计划，需要工作者进一步改进。

（3）小组动力分析

第二次小组活动属于权力与控制期，与组合前期最大的不同在于小组动力逐渐由内部产生。在这次活动中，组员们彼此了解显著增多，互动增多，组内的民主氛围营造得较好，内部的小组动力由此开始形成。

2. 第三节小组活动

（1）组员的参与

"海藻舞"的动作非常欢快和搞笑，组员很快被这种欢乐的气氛感染了，非常认真地学习，设计这个环节的目的是让组员们在团队合作中完成目标，获得成就感和自我效能感。听完学长们的分享，组员们也非常主动地提问和分享自己的经历。F 同学在分享时再一次违反了"每人发言三分钟"的规则，而且谈论的主题也有些偏离。在他分享的过程中，一些组员其实已经表现出了不满的情绪。后面价值观的故事也引起了大家的深思，组员们在争论中感受到不同的人际交往价值观。

（2）工作者的参与

针对小组出现的问题或者说是冲突，工作者暂停了活动的进行，向大家说明了目前的情况并让大家谈一谈现在的感受。由组员轮流发表感受，并且由大家讨论如何避免这种情况再次发生。为了避免这种焦点式的讨论可能对 F 同学造成的伤害，工作者将讨论重点引导至小组规范和规则上。最后大家一致同意，违反小组规范的人下一次要在跳舞时站在最前面，面向大家领舞。工作者注意到，F 同学其实非常能"说"，虽然他的发言往往会偏离主题。其表现出了比较强的自我中心倾向，试图主导小组，又缺少一些沟通交流的技巧，工作者认为这正是他面临人际适应问题的原因。期望他在小组互动的过程中，通过与其他组员交流意识到自己的问题并改善。工作者在这次活动中主要使用了澄清和对质的技巧，让组员们分享自己的感受，明确小组活动过程中遭遇到的问题，引导大家思考如何解决问题。

（3）小组动力分析

第三节小组活动仍属于权力与控制期。随着参与度的提升，组员开始认识到自我在组内的角色和地位。在此阶段，小组内可能因权力的"争夺"而产生冲突，这也是小组动力学中民主氛围与专制氛围的体现。因此，恰当地处理和利用好小组冲突，将其作为内生的小组动力推动小组发展，同时保持好组内的民主氛围，是工作者最重要的任务。

3. 第七节小组活动

（1）组员的参与

最后一节活动主要是一起回顾以前活动的主题，一方面是观察组员对以前活动的掌握，另一方面也是加深学习和记忆。"海藻舞"其实是团队合作的成果，组员们见证了自己从完全跟不上节奏到灵活地舞动，在团队合作中逐渐实现自我意识的觉醒和成长。纪念玻璃瓶中的盐代表着圣洁与永久，工作者希望通过有仪式感的过程让组员一直记住自己在小组中获得成长。

（2）工作者的参与

工作者采用的是启发式、开放式、自由式的技巧，让大家一起回顾在小组中成长的经历。在工作者讲明了纪念玻璃瓶的意义之后，组员们都觉得这个过程非常具有仪式感，十分投入。拍照留影的过程是本次活动的高潮，大家非常开心地摆出了很多造型，整个过程中没有离别情绪，因为大家都是一个年级的同学，反而非常开心在这个小组中结识了更多的朋友。

（3）小组动力分析

分离期的小组在民主氛围方面已经得到了充分发展，组员之间相互信任，有一定的情感联结。此时，内生的小组动力可能会有所减退，因此工作者再一次担当起了组织者的角色，主要的任务是利用良好的小组氛围让组员对学到的经验进行回顾，将这些经验应用到实际生活中。

六 小组成效评估

（一） 前后测评估

笔者在小组的准备阶段利用中国大学生适应量表进行了测试，获取了相应的基线数据。在小组结束后，组员再次填写打乱了问题顺序的量表，减少其他因素的影响，作为后测数据。具体得分见表4。

利用 SPSS 对样本数据进行配对样本 T 检验，p 值为 0.018，小于 0.05，接受"小组成员在干预的前后有较大差异"的假设，认为小组干预是有效的。从前后测情况可以看出，所有组员的得分都得到了不同程度的提升，

表4 人际适应部分——研究对象前后测得分情况

单位：分

对象	测量	人际认知	社交能力	综合评价	得分
A 同学	前测	2.67	3.25	2.67	2.90
	后测	3.33	2.50	3.33	3.00
B 同学	前测	2.00	3.50	2.00	2.60
	后测	4.33	3.25	3.00	3.50
C 同学	前测	2.67	3.25	2.33	2.80
	后测	4.00	3.75	2.67	3.50
D 同学	前测	1.00	3.00	1.00	1.80
	后测	5.00	3.75	3.33	4.00
E 同学	前测	2.67	2.50	2.00	2.40
	后测	3.33	3.75	2.33	3.20
F 同学	前测	2.00	3.25	2.33	2.60
	后测	4.33	3.75	4.33	4.10
$t = -3.488$		df. = 5		Sig. = 0.018	

表明小组干预对解决组员的人际适应问题和提升人际适应能力起到了良好的作用。

其中，D 同学在参加小组前的得分是所有组员中最低的，经过访谈了解到其确实存在着比较严重的人际适应问题，对自己的人际状况评价也很差。D 同学谈到，"之前我每次在人多时说话就会紧张，看到别人对自己说话时的反应，也就不想再继续说下去了"。"在小组中虽然我说话时还是很紧张，有时候还会抖腿，但是组员们和工作者都认真地听我说话，F 同学还跟我分享了他是怎么克服这种问题的"。A 同学前后的得分变化不大，原因可能在于 A 同学作为学生干部，具备一定的社交能力，工作者在开展小组活动的过程中也发觉其总能成为小组中的榜样，能够为其他组员分享有益经验。因此他更多的问题可能是对自己在人际适应方面的评价比较消极，在小组中与其他面临着同质性问题的组员互动，能够帮助他建立起更正确的认知，合理地评价自身人际适应状况。不可否认的是，小组活动过程的氛围比较良好，让组员产生了对小组的归属感和对组员、工作者的信任，但这种情感也会影响组员对自己的判断。以 D 同学为例，在后测中对自己打分非常高，七节小组活动对组员的提升实际上是有限的，所以这种情况可能是受到了情感因素的影响，或者没有认真填写量表。如何避免这种情况值得工作者反思。

（二）小组满意度评估

在所有小组活动开展完成后，组员们填写了小组的满意度评价表，从个人成长、小组氛围、工作者表现等方面进行评价，设置的分值为 1~7 分。具体得分情况如表 5 所示。

表 5　"We up"成长小组满意度评价

单位：分

序号	评估指标	平均分
1	我很喜欢这个小组	6.17
2	我在这个小组中获得了成长	5.33
3	我能在小组中向别人表达我的看法	5.67
4	参加这个小组使我对自己越来越有信心	5.17
5	我觉得这次小组的经验很有意义	6.00
6	我觉得我们的小组是一个坦诚且大家相互关怀的小组	5.83
7	参加这个小组后我越来越了解自己了	4.83
8	我喜欢这个工作者的工作方式	5.67

可以看出，总体上组员对小组的满意度是比较高的。其中，"我很喜欢这个小组"一项得分最高，笔者认为这与成长小组的特性有关，成长小组强调通过民主、融洽的氛围来挖掘组员潜力、促进他们的成长，良好的小组氛围让他们对这个小组产生了归属感，也满足了组员"期望参与到有凝聚力和归属感的集体"这一需求。"参加这个小组后我越来越了解自己了"这一项得分较低，结合活动设计进行反思，自我认知主要是第四节活动的内容，这一节活动涉及的知识（性格、情绪等）很多，方式多为工作者单方面的讲解，在后面的活动中没有对自我认知做进一步的挖掘，因此没有起到相应的效果。

七　总结和反思

（一）研究总结

大学阶段是个体的成年早期，也是身心发育的重要阶段。良好的人际适应有助于个体通过自我调节来适应新的环境，建立起稳定的社会支持网络。研究和实际调查发现，大学新生在初入大学时往往面临着人际适应上的问题。而目前高校往往采取入学适应性教育或者心理辅导对此问题进行干预，但这些措施并不能具体分析新生人际适应问题的成因，提供的服务也不够具体。因此笔者采取了小组工作的方法，从发展性的视角出发对新生的人际适应问题进行了干预。

回顾整个小组的过程，小组的目标总体上已经达成。每一位组员的人际适应状况均得到了不同程度的提升。不同班级、不同专业的组员从陌生到相识，再到相互熟悉和信任，整个小组充满了信任、团结的气氛。组员在刚加入小组时面临着人际关系危机、情绪低落、缺少知心朋友等问题，在小组中组员增进了对自我的了解、掌握了一些人际交往的技巧、形成了关于人际交往的正确认知，提高了人际适应能力。笔者采用的主要是结果评估，包括量表的前后测结果对比、小组满意度评估两种方法，结果显示，小组的干预对提高人际适应水平有一定的成效，也证明了小组工作对丰富高校新生适应性教育工作的意义，为小组工作介入新生人际适应问题提供了参考的模式。

当然，小组也存在着不足之处。例如采用了单一实验法作为评估方法，但没有设置相应的对照组，导致可能小组干预之外的因素促使了小组成员人际适应情况的改变。采用量表测量的数据在量化上比较准确，但对组员需求和小组成效的展示还需要其他评估方法进行补充。所以今后在进行相应的研究时，应当在方案设计阶段充分考虑评估方法，以求准确测量专业介入的成效。

（二）进一步反思

1. 对于活动设计的反思

小组活动的设计应当是前后衔接，随着不同阶段的小组目标逐渐深入。回顾七节小组活动，主题包括价值观澄清、自我认知、体验模拟、人际交往方法和技巧等，各个阶段的目标设置比较明确。因为笔者采取了多种方法对组员的需求进行了充分调查，包括量表测量、半结构式访谈、文献整理等，还实际进行了环境调查，走访了解组员的同学、老师等，获取了充分的信息。但是在前后活动的衔接上还不够充分，虽然组员在每一节小组活动中都比较投入和配合，但各节活动似乎是相互独立的主题，前后衔接不够充分，因此在一定程度上会影响小组活动的效果。

2. 对于评估方法的反思

评估可以帮助工作者检验组员的改变和小组目标达成的情况，了解小组是否达到了相应的目标，并根据收集到的资料总结经验并从经验中反思改善的方法。本研究主要采用的是结果评估和需求评估，需求评估在小组活动开展之前进行，通过访谈和环境调查等方式对组员的需求和其他情况进行了充分调查。在小组结束阶段的结果评估，包括单一系统法和满意度评估。由于小组开展前已经有组员人际适应状况的基线数据，所以小组介入结束后再次利用乱序量表进行后测，通过前后测的对比可以较为严谨、科学地反映小组干预的成果。

但这种量化的评估自然受到量表本身信度和效度的影响，也没有设置相应的对照组来完善评估设计，一些指标的建立也存在不足。因此在今后的研究中应该继续完善评估方法的设计，并加入更多的过程评估内容，准确地评估。

3. 对于介入技巧的反思

带领小组时应该有意识地运用专业自我，带领组员参与到每一节活动中。小组采用的发展性模式强调通过组员之间的互动促使思想、态度和行为等多方面的觉醒，因此如何与组员建立关系和团队领导的技巧就显得十分重要。工作者在小组介入过程中用到了同理、倾听、观察等多种技巧，并对特殊的组员进行了特殊的介入。

4. 对于专业角色的反思

根据小组不同的发展阶段，工作者的角色也是在不断改变的。在小组的组合前期，工作者的主要角色是组织者和观察者，这一时期的组员相互不够熟悉，主要的任务是营造安全、接纳的良好的民主氛围，让组员在小组中产生安全感及归属感。到了权力与控制期，组员对小组的归属感已经建立，试图更多地参与或主导小组，获取更多权利，工作者最主要的角色是协调者，处理可能出现的组内矛盾，引导组员做有目的的讨论，化解矛盾并增强小组发展的动力。在后面的阶段，小组沟通积极、气氛和谐，工作者的作用逐渐淡化，主要是示范者和教育者的角色，将一些方法和价值观内化到组员的内心和行为中去。

参考文献

陈建文，2001，《青少年社会适应的理论与实证研究：结构、机制与功能》，博士学位论文，西南师范大学。

陈礼灶，2015，《团体沙盘游戏对大学生心理资本和学校适应的干预研究》，硕士学位论文，兰州大学。

陈晓、徐菲、林绚晖，2012，《大学新生自我同一性及其与学校适应的关系》，《中国健康心理学杂志》第 2 期。

方晓义、沃建中、蔺秀云，2005，《〈中国大学生适应量表〉的编制》，《心理与行为研究》第 2 期。

黄丽华，2003，《团体社会工作》，华东理工大学出版社。

李昊、侯玉波，2017，《藏族大学生的自我概念与跨文化人际适应》，《民族教育研究》第 5 期。

梁志燊，1995，《中国学前教育百科全书》，沈阳出版社。

鲁维颖，2016，《中学新生同辈群体人际交往适应的社会工作介入研究》，硕士学位论文，兰州大学。

陶沙，2003，《社会支持与大学生入学适应关系的研究》，《心理科学》第 5 期。

屠嘉俊、万娟、熊红星、张璟，2016，《父母支持对大学生人际适应性的影响：情绪智力的中介作用》，《心理科学》第 4 期。

王钢，2007，《大学生人际适应性量表编制及特点研究》，硕士学位论文，西南大学。

王维杰，2006，《大学新生人际适应问题的调研》，《思想教育研究》第 1 期。

吴素梅、谭焙垚，2009，《团体心理辅导提高受欺负儿童人际适应水平的实验研究》，《中国学校卫生》第 6 期。

谢莉，2014，《班级团队建设对大学生适应性的影响》，《高校辅导员学刊》第 6 期。

薛可、余明阳，2007，《人际传播学》，同济大学出版社。

张冲，2014，《中小学生情绪智力对人际适应的影响：情绪适应的中介作用》，《中国特殊教育》第 11 期。

Catalina, L. Toma. 2014. "Towards Conceptual Convergence: An Examination of Interpersonal Adaptation," *Communication Quarterly* 62: 2.

Hermann, Astleitner & Claudia Ortner. 2017. "Interpersonal Competence Development of University Students-exploring a Social Problem-solving Measurement Approach," *Journal of Education and Human Development* 6: 58 – 75.

都市社会工作研究 第 7 辑

第 125～143 页

© SSAP, 2020

适老化环境评价体系文献研究

韩小玉[*]

摘　要　自从我国进入老龄化社会，幸福养老成为一切老龄工作的共同追求，积极打造老年人宜居环境，有利于提升老年人的整体幸福感。本文通过对中外适老化环境评价体系的相关文献进行整理、比较和分析，界定了适老化环境的范围为居住地区位条件及配套设施、社区内部景观及公共空间、居家物理环境及功能布局以及老年人所处的交往环境和社会环境。笔者分别从发展脉络和指标层次两个角度梳理中外适老化环境评价体系的内容框架，为我国适老化环境的发展提出合理化的建议，促进我国适老化环境评价指标内容的深入和体系的完整，同时为社会工作参与适老化环境建设提供介入方向。

关键词　适老化　适老化环境　老龄化社会

一　前言

（一）研究背景

1. 我国应对人口老龄化的研究新趋向

关爱老年人是我们中华民族的优良传统。然而，在我国老年人口日益

---

*　韩小玉，上海大学社会学院社会工作系 2019 级社会工作专业硕士研究生，主要研究领域为老年社会工作。

增多的情况下，养老工作也遇到了前所未有的挑战，探索缓解老龄化矛盾的新思维、新可能性对老年人健康发展显得尤为重要。在这种老龄化背景下，开始关注老年人周围环境的适老化建设，是新时期积极面对老龄化的突出表现，也就是说，通过改善旧房屋内部结构和生活空间的适老化功能、更新环境公共空间和基础设施的适老化设计，满足老年人健康养老的需求。西方国家在适老化研究方面起步较早，对于相对成熟的国外适老化项目的研究和经验，我国同样选择具有老龄化代表性的国家、城市及其相关项目进行研究，提取可供国内适老化环境建设借鉴的关键点。城市是老年人重要的居住空间，随着我国城市发展水平的迅速提高，宜居城市建设也开始受到普遍重视；同时，受我国目前经济发展水平的制约，老年人居住区的规划设计和旧住宅的适老化改造仅在我国少数大城市进行试点研究，因此在过去较长的时期，国内开展的适老化相关研究主要集中在城市层面。

2. 适老化环境建设的必要性

首先，由于老龄化概念没有包括在早期的环境建设中，许多住房和基础设施项目都是满足成人社会的需求而设计的。其次，我国老年人住区环境、公共设施环境、公共福利服务环境、交流和信息、尊重和社会参与等方面显现出来的问题也越来越多，养老需求与养老服务严重脱节，老龄化问题日益严峻，迫切需要进行适老化研究，为老年人提供更加温馨便利的居住环境。为此，要进一步树立和宣传适老化环境理念，在建筑、道路、公共设施、服务等生活条件方面充分考虑老年人的特殊需求，达到适老化环境设计的标准。总而言之，要为老年人创造一个支持性的老龄化环境，并尽可能保持老年人独立生活和融入社会的能力，这是积极应对人口老龄化的内在要求和重要方向。

（二）研究目的与研究问题

近年来，关于适老化环境建设的新思路逐渐涌现出来，营造尊重体面、温暖舒适的养老环境，建设老年人幸福养老家园已成为所有老年工作的共同目标。无障碍设计、园林绿地规划住区、老年服务设施、智能化体系、代际互动和家庭交流、文字标识系统等设计元素，都从不同的角度出发，对改善老年人日常生活环境给予了思考，然而，这些理念目前还不够系统，相互之间的融合度不够高，尚未形成一套完整的指标体系，以确保适老化环境建设工作有序进行。

本研究通过对国内外现有的适老化环境评价体系相关文献进行梳理归纳和对比分析，试图总结一些共通之处，并从发展脉络和指标层次两个方面进行阐述，以期为我国构建更加完善的适老化环境评价体系提供参考和指导。因此，研究问题如下。

第一，了解有关适老化环境评价体系的研究现状，包括现有文献涉及的范围、相关的学科、秉持的视角、运用的方法等方面。

第二，深入分析国内外适老化环境评价体系的发展脉络和指标体系，了解适老化环境评价体系的时间脉络及实践框架。

第三，通过文献回顾与文献分析，为我国构建更加完善的适老化环境评价体系提出建议。

第四，思考与探索社会工作在适老化环境评价体系中的介入方向。

（三）概念界定

1. 适老化

目前我国的人口老龄化已经产生了对适老化环境的需求，但"适老化"这一概念并没有形成一致的定义，也没有在老年环境评估中得到应用，与其类似的概念有"长者友善""老年宜居""老年友好型"等。从字面意思上来理解，适老化是指一切为适合老年人而设计。本文对适老化的理解是：适老化是一个复杂的、相对较新的综合概念，坚持"以老年人为本"，要求与老年人所处的物质环境和社会环境相关的设施、服务、政策和制度完全按照老年人的实际情况和基本需要而设计，以实现老年人的积极老龄化。参照已有的适老化相关研究，适老化一般具有可达性、舒适性、安全性、便捷性、文明性和沟通性等内涵。

2. 适老化环境

适老化环境的本质应当是以实现"积极老龄化"为目标的各种环境状态的综合。通过查阅适老化环境相关文献，本文界定了适老化环境的范围为居住地区位条件及配套设施、社区内部景观及公共空间、居家物理环境及功能布局以及老年人所处的交往环境和社会环境。该环境是一个支持环境，结合了物理环境和社会环境两方面的特点，相互补充，相互加强，使老年人能够在家庭、社区和社会中积极地生活，并且为他们参与社区提供了广泛的机会，能尽可能地满足老年人的需求，确保老年人的生活质量，增强老年人的主观幸福感。

（四）研究方法

本研究主要运用了文献研究法，通过对与文章研究主题相关的现有文献资料进行查找、整理、分析，对现有相关研究做出总结，形成科学的认识，从而准确、全面地了解研究问题的全貌。本文主要通过搜索数据库获取文献资料，就检索文献的种类而言，包括相关书籍、期刊、优秀硕士和博士学位论文、重要会议论文、政策文件等，以主流文献为主，注重文献的专业水平。

笔者检索的文献时间跨度为 20 世纪 90 年代至 2019 年，首先通过标题相关性进行筛选，超出研究领域的文章在这个阶段被筛除；然后，笔者浏览与题目相符的文章的摘要，包括那些提到或暗示与适老化环境有关的指标或体系的信息的文章的摘要，并进一步筛选；最后浏览所选文献的内容框架，筛选与本文主题相关性极强的文献，梳理该领域的发展脉络和研究重点，为笔者的研究课题提供指导意见。

笔者在外文文献检索的过程中，将检索关键词限定为 "older adult" "age-friendly environment" "aging in place" "age-friendly city" "age-friendly community" "evaluation system" "evaluation index"。将 Web of Science 信息服务平台、UNSW library（新南威尔士大学图书馆）作为主要数据库来源，并通过 Google Scholar 进行补充搜索（见图 1）。

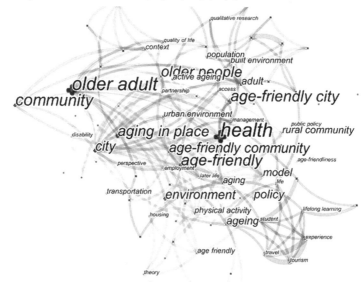

图 1 外文文献关键词聚类分析图谱

中文文献主要通过图书馆馆藏书籍以及中国知网、万方数据知识服务平台、维普期刊网等网络资源进行检索，以"老年""适老化环境""老年住宅""宜居环境""宜居城市""宜居社区""评价体系""评价指标"为检索词，在阅读所获文献的基础上，依照其引文利用滚雪球法收集其他相关文献（见图2）。

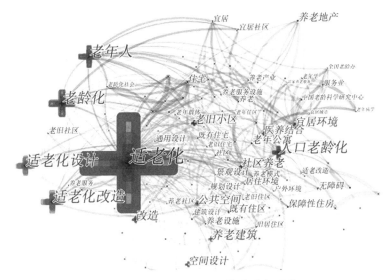

图2　中文文献关键词聚类分析图谱

二　国内外适老化环境评价体系文献回顾

（一）文献涉及的范围

1. 全球范围的适老化研究

第一种是涉及全球范围的适老化研究，如世界卫生组织编制的《全球老年友好城市建设指南》，来自世界各地的35个城市参与了与指南相关的项目，这些城市广泛代表了发达国家和发展中国家，集中反映了世界范围内参与者的观点和意见（World Health Organization，2007）；Megumi Kano等人的 *A Global Pilot Study of Age-friendly City Indicators*，评估了在全球不同背景下衡量老年友好城市核心指标的过程，并在2014～2015年在12个国家的15个社区进行了试点（Kano et al.，2018）。

2. 国家范围的宜居性考察

第二种是涉及国家范围的宜居性考察，如在 *Australian Journal on Aging* 上出版的 *What Makes a Community Age-friendly：A Review of International Literature*。这篇文献综述中谈到加拿大政府在许多政策文件中使用了"老年友好社区"一词；而术语"宜居社区"在美国更为普遍；在英国，政策制定者在提及为老年人营造有利环境时使用了"终身邻里"一词；但应该强调的是，这些国家都没有偏离最终目标，而是将物理环境和社会环境的要素包括在内，以通过适当的政策、服务和结构将这些要素整合在一起，以建立一个由老年人定义并由外部信息提供证据的具有年龄友好特征的社区（Lui et al.，2009）；Lili Xie 的 *Age-friendly Communities and Life Satisfaction Among the Elderly in Urban China*，采用了中国城市中具有全国代表性的 60 岁及以上老年人样本和结构方程模型，多组试验结果表明，老年人对住房条件、当地便利设施和社会包容的感知与总体生活满意度显著相关（Xie，2018）。

3. 地区范围的适老化环境建设

第三种是涉及地区范围的适老化环境建设，如陈小卉等的《居家养老模式下的居住区适老化建设思考——基于江苏省的实证》，阐明了现阶段我国住宅区适老化建设中存在的问题和面临的困境，以江苏省为例，制定了居住区适老化建设的评价指标体系，该体系对江苏省乃至全国的适老化建设都具有一定的示范作用（陈小卉等，2018）；如戴靓华等的《基于地域综合照护的社区适老化研究——以日本柏市丰四季台为例》，指出日本应对老龄化的主要途径为居家养老，并通过分析日本柏市丰四季台的老龄化状况、适老化改造之后的社区空间环境、居住空间规划等，提出了构建地域综合照护体系以及对我国的启示（戴靓华等，2018）。

（二）文献相关的学科

1. 老年学

第一类是老年学，它研究人类衰老的规律，包括从理论和实践领域出发，研究生理、心理和社会方面的衰老过程。如 Dilip V. Jeste 的 *Age-friendly Communities Initiative：Public Health Approach to Promoting Successful Aging*，讨论了 AFC（老年友好社区）的概念化，提供了标准列表，叙述了案例研究，指出了专业老年精神病学需要在不断演变的 AFC 运动中发挥重要作用，以确保心理保健与物理护理都在考虑之中（Jeste et al.，2016）。

2. 建筑设计学

第二类是建筑设计学，即设计方根据建设任务，提前以图纸或文件为载体进行综合规划，使完成的建筑物充分满足使用者和社会所设想的各种要求及使用途径。如安浩元的《城市社区住宅适老性评价体系研究》，该评价指标体系主要用于评价城市社区住宅的各种适老化相关功能设计的合理性、相关基础设施的完善性，以及能够满足老年人日常生活的可靠性，包括住宅通用设计、套房空间设计、装饰装修等各类细化、量化指标，期望它能在城市居住建筑施工前起到指导规范作用或对现有居住建筑适老化改造提供科学意见（安浩元，2012）。

3. 统计学

第三类是统计学，通过收集、整理、分析数据等手段，从数据中得出结论。如 Boštjan Kerbler 等的 *The Relationship of the Elderly Toward Their Home and Living Environment*，通过问卷调查，获得了老年人对住房和生活环境的满意度分数，并利用 SPSS 软件进行统计分析，除了基本的统计计算（份额和平均值），还计算了各种统计检验，如方差分析、卡方和 t 检验等，调查结果表明，居家老化或就地老化是老年人最理想的养老方式，然而，老年人选择在家中居住还存在着许多障碍（Kerbler et al.，2017）。

4. 公共政策学

第四类是公共政策学，作为一门应用型学科，主要运用各种知识和方法来研究政策的主体职能和运行机制等过程，以获取政策相关知识，完善公共政策系统，为特定的对象提供特定的服务。如贾胜男的《基于老年宜居社区的"适老性改造"政策支持研究——以上海市普陀区为例》，以公共政策为视角，以社区为空间指标，提出了"适老性改造"政策支持意见，赋予了政策理论指导实践的现实意义，有利于我国适老化公共政策支持体系的健全和完善（贾胜男，2014）。

此外社会学、地理学、心理学等学科有所涉及。

（三）文献秉持的视角

1. 理论研究

第一种是理论研究，有较多的理性思考，同时坚持理论与实际相结合；或者以丰富的实践经验为基础，以第一手资料为依据，从调查数据中提出理论、观点并对研究假设做出检验。如 Meeyoung Yeo 和 Almas Heshmati 的 *Healthy Residential Environments for the Elderly*，讨论了以疾病和健康为中心的观点，重点讨论了健康起源和老年人健康居住环境所需的要素，回顾了日本、瑞典和韩国老年人居住环境现状，分析了日本和瑞典老年人居住环境的要素模型。最后，为我国创造健康的老年人居住环境提出了建议（Yeo & Heshmati，2014）。如王红的《基于 AHP 层次分析法的成都市养老型社区外部公共空间适老性研究》，指出了我国人口老龄化的现状与特征，查找了国内外老年社区的文献资料，了解了老年人的生理、心理、行为等方面的明显特点。在此基础上，对成都市养老型社区外部公共空间进行了走访调查，获取了相关资料，然后运用 AHP 层次分析法完成了指标体系的构建和赋权，并通过四个实例的运用与比较分析，得到了实例在适老性方面存在的问题，为社区的适老性改造提供了直接的帮助（王红，2016）。

2. 政策支持研究

第二种是政策支持研究，政府相关部门提供科学的政策决策和合理化的政策建议对推进适老化环境建设是非常必要的。如 H. Orpana 等的 *Developing Indicators for Evaluation of Age-friendly Communities in Canada：Process and Results*，提到加拿大公共卫生署制定了指标，以支持评估加拿大社区相关的 AFC（老年友好社区）倡议（Orpana et al.，2016）；Shannon L. Wagner 等的 *Surveying Older Adults' Opinions on Housing：Recommendations for Policy*，根据调查的数据，提出了一些有利于老年人住房环境的社会政策决策的建议（Wagner et al.，2010）；翟秀丽的《天津市加快推动政府支持老年宜居社区建设研究》，对天津老年宜居社区建设需求进行了分析，为加快推进天津老年宜居社区建设提出了政策建议（翟秀丽，2016）。

3. 中外比较研究

第三种是中外比较研究，适老化环境建设在许多发达国家已经有了成熟的经验，能够为我国推进老年宜居环境评价体系建设提供前瞻性的指导。如姚栋等的《住宅适老化改造的目标与内容——国际经验与上海实践》，结果表明，很多发达国家的住宅适老化改造已经形成了成熟的模式，美国、日本和新加坡的经验可以为我国适老化改造的目标、指标内容与路径选择提供有价值的参考（姚栋等，2017）。于一凡和贾淑颖的《终生社区，终生住宅——英国城市的适老化建设路径》，介绍了英国在巨大的老龄化压力下，从老人生活的社区、住宅出发，逐渐推出"终生社区"的规划原则和

"终生住宅"的设计标准，其在政策支柱、平台支持、技术支撑等方面的经验对我国的适老化环境建设具有重要的参考价值（于一凡、贾淑颖，2017）。

（四）文献利用的方法

1. 定量研究法

第一种是定量研究法，主要利用统计调查或实验收集研究对象的数据资料，然后对其数量关系进行分析和检验，从而获得有价值的研究结果，如研究者通过对空间数据进行分析计算或者运用抽样调查法、分层分析法、结构方程模型法等提取影响适老化环境的定量数据，从而建立定量指标体系。如 Bingqiu Yan 等的 *Modeling Satisfaction Amongst the Elderly in Different Chinese Urban Neighborhoods*，本研究通过对北京六类社区的实证研究，考察老年人对老年人服务和生活环境的满意度，利用结构方程模型，建立了"人–环境"匹配模型框架下的满意度模型。该模型考虑了老年受访者的健康状况、经济属性、家庭和社会支持网络工作以及邻里生活环境，能够为适老化环境评价指标内容提供参考（Yan et al. , 2014）。

2. 定性研究法

第二种是定性研究法，也称"质性研究"，依据一定的理论和经验，对研究对象采用非量化的方式收集描述性的资料，如研究者运用观察法、案例研究法、焦点小组讨论法或德尔菲法等建立主观评价指标体系和评价模型。如世界卫生组织发布的 *Measuring the Age-friendliness of Cities：A Guide to Using Core Indicators*，该指南提出的框架和各项指标涵盖了改善老年人生活环境的不同层次和方面，其中在制定指标的过程中，主要运用了文献综述、专家咨询、多轮同行评审、收集社区意见等方法（World Health Organization，2015）。

但大部分的文献将两种方法结合起来，在定量分析的基础上，也借助定性分析的作用。如谢波等的《城市老龄化社区的居住空间环境评价及养老规划策略》，选取了武汉市 28 个超老龄化社区，向老年人发放调研问卷，同时采用德尔菲法对学校、设计院和政府部门的城市规划专家展开问卷调查，最后运用层次分析法建立了层级递进的居住空间环境适宜性评价指标体系，对社区居住空间环境展开了评价，提出了老龄社区存在的问题以及未来的发展策略（谢波等，2015）。戴俊骋等的《中国老年人宜居城市评价指标体系探讨》，利用文献分析法、访谈法和专家咨询法建立了指标框架，并利用主成分分析等统计方法完成了指标的筛选，最后借助矩阵关联法和专家打分法确定了指标权重，建立了一套全面科学的中国老年人宜居城市评价指标体系，为我国适老化环境建设提供指导方向（戴俊骋等，2011）。

三　国外适老化环境评价体系文献分析

（一）国外适老化环境评价体系的发展脉络

按照时间发展来看，早在 20 世纪 60 年代，西方国家就迅速进入了人口老龄化阶段，因此他们对老年人生活环境的关注也相对较早。但就目前而言，"适老化"还不是一个成熟的概念，它随着老龄化问题的不断涌现而"生长出来"，逐渐被认识并频繁地使用，但是它出现的具体年代难以界定，也没有明确的定义。

如果回溯适老化环境研究的发展历史，与其有相通含义的概念应当是"创建老年友好型城市"，这是一个比较明确的接近于"适老化"的提议。2005 年，世界卫生组织在巴西里约热内卢召开的第十八届老年病学和老年医学 IAGG 世界开放会议中第一次提出了"老年友好型城市"这一概念（World Health Organization，2007），这也是世界各国纷纷开始参与适老化环境建设的一个重要的开端。

随着世界卫生组织的倡导和实践，西方发达国家开始积极探索建设老年友好型城市。如美国，纽约市政府与纽约医学科学院（NYAM）于 2008年启动了"老年友好型纽约城市计划"，其主要目标是从老年住宅供应、交通服务设施、公共空间环境、娱乐交往平台、卫生保健服务等方面改变城市环境，推动居民社区参与，增强城市的老年服务性并提升满意度，加强老年人群的社会参与和联系，促使纽约成为国际上建设老年友好型城市的典范（Finkelstein et al.，2008）。另外一个建设老年友好型城市的典型示范是英国伦敦市。伦敦城市环境优美，于 2008 年发起"老年友好伦敦计划"；2011 年，老年友好伦敦事务委员会制订了"老年友好伦敦三年行动计划"，旨在实现适老户外空间和道路设施、房屋建筑、社区交往、服务条件、医疗保障等方面的适老化城市建设目标（Age Friendly London Task Force，2013）。此外，在世界卫生组织的倡议下，还有许多的老龄化国家纷纷开始推出老年友好型城市建设计划，规定适老化指标内容，促进积极老龄化。

目前，随着老龄化对外部环境压力的增大，适老化相关法律的支持力度也越来越大，外国开始鼓励建设"老年友好社区"，并采取"地方老龄化"政策。他们认为，依靠社区开展养老研究是解决全球老龄化问题的根本途径，并开始研究社区宜居环境的适应性和差异性。从老年友好城市到老年宜居社区再到宜居住宅评价指标体系的建设都取得了明显的成效。

（二）国外适老化环境评价体系的指标层次

国外很早就开始了对老年友好环境的评价研究工作，提出了各种促进适老化环境建设的方法。以下是一些具有突出代表性的鼓励发展适老化环境评价体系的举措的例子。

世界卫生组织阳光老年计划。世界卫生组织的阳光老年计划于 2005 年在巴西里约热内卢召开的第 18 届老年病学和老年医学 IAGG 世界开放会议上公开发表。该计划在世界 33 个城市开展老年人的调查，在大多数城市，除了调查老年人，还补充了对为老年人提供各种关怀和服务的公共组织、志愿者组织和私人组织的调查。这些调查结果形成了一套老年友好型城市评价体系——《全球老年友好城市建设指南》，重点包括户外空间和建筑、交通、住房、社会参与、尊重和宽容、公民参与和就业、信息交流、社区支持和卫生服务等八个方面（World Health Organization，2007）。世界卫生组织的倡导者正在把这种对老年人友好的城市观念和研究方法转变为世界各地的具体行动，扩展了城市的范围，并将这一概念传播到更多的社区，已成为老年友好型城市蓬勃发展的起点。

美国 AARP 宜居社区。AARP[①]（美国退休人员协会）是美国最老和最大的保护老年人权益的组织，也是美国适老化环境评价体系研究方面的核心力量。该协会的主要职责是提高老年人的生存质量和生活独立性，维护老年人的生命尊严和社会地位。AARP 采用宜居社区的方法，即"通过促进安全、无障碍和充满活力的环境的发展，努力提高老年人的生活质量"。2005 年，AARP 编制了《适宜居住社区评估指南》，并提出了老年社区包括交通、步行能力、安全和安保、购物、住房、卫生服务、娱乐和文化活动、关爱社区等八个方面的评估标准，（Kihl et al.，2005）。2018 年最新更新和增强的《2018 年宜居指数：各年龄段的大社区》考虑了全国社区，确定了 7 个宜居社区的核心属性：住房、邻里、交通、环境、健康、参与和机会（Lynott et al.，2018）。

[①] AARP 全称 "American Association for Retired People"，成立于 1958 年，是由 50 岁以上的成员组成的全美最大的非营利组织。

英国终生社区。为了应对日益严重的人口老龄化挑战，2007 年 9 月，英国住房建设部和地方政府（DCLG）与英国国际长寿中心（ILC - UK）联合发布了一项提议，即"走向终生社区"（Towards Lifetime Neighborhoods），系统阐述了"终生社区"的概念。概念的中心主题有住房、创新和跨部门规划、服务和便利设施、社会包容、建筑环境、社会凝聚力和位置感（Harding，2007）。2008 年 2 月，英国住房建设部和地方政府（DCLG）正式颁布了"终生住宅，终生社区"（Lifetime Homes, Lifetime Neighborhoods）政策。2011 年《终生住宅设计指南》（*Lifetime Homes Design Guide*）正式颁布，从人们生活的社区、住宅出发，重视利用通用设计和包容性设计，改善生活环境的适老性能，提高社区服务和管理的适老化水平，从而提高老年人的生活质量，延长社区老年人的独立生活能力（Habinteg Housing Association，2011）。

日本住宅设计。日本早已进入老龄化社会，老龄产业得到了发展。到1964 年，日本就针对老年人这一特殊群体进行了住宅的针对性设计，要求设计老年住宅时要特别考虑到老年人的住宅需求。选择地点时，日本老年公寓通常会考虑以下指标：周边环境好、交通便捷、公共设施齐全、生活充实、阳光充足、提供公园和人行道等健身场地、妥善处理与附近住宅设施的关系等。在公共空间的设计中，日本也会考虑建立一个老年人休息和交往的场所，注重空间的不同与形式功能，使居住者有更多、更好的机会自由选择停留的地点和场所，空间设施亦较为丰富。到了 20 世纪末，日本老龄化日趋严重，政府开始正式颁布关于老年人住宅的建设、设计要求，如《对应长寿社会的住宅设计方针》等，住宅内各个部分的设计改造都必须经过严格而细致的规定，以满足老年人的需求（周燕珉，2008）。

近年来，世界各国为使城市、社区和家庭住宅更适合老年人而做出的努力取得了显著的成果，并制定了一系列评价指标体系，在一定程度上促进了世界各国适老化环境建设，在许多方面值得我国研究和借鉴。

四　国内适老化环境评价体系文献分析

（一）国内适老化环境评价体系的发展脉络

我国 1999 年初步进入人口老龄化社会，相比于西方，我国针对人口老龄化问题而做出的具体研究起步较晚。

关于宜居环境，中国最早的研究是由清华大学吴良镛教授提出的人居环境理论。他创立了人居环境科学，并以人居环境建设为核心开展空间规划设计，努力创造适合人居住的环境。但针对老年环境，国内研究还主要集中在探索符合我国特殊国情的养老模式、老年人居住空间模式、养老社区的规划设计方法等方面。

进入 21 世纪，适老化环境建设日益受到我国政府的重视，我国也相应地出台了一系列标准规范，在家庭住宅、社区、城市等方面都有所规定。例如国家建设部 2003 年发布的《老年人居住建筑设计标准》，主要规定了老年人居住建筑设计时需要遵照执行的各项技术经济指标，着重提出了老年人居住建筑设计中需要特别注意的室内设计技术措施（GB/T50340—2003，2003）。2007 年发布的《城镇老年人设施规划规范》对专为老年人服务的居住建筑和公共建筑提出了配建指标和设置要求（GB50437—2007，2007）。2009 年，全国老龄办把推进"老年宜居社区"建设作为工作的重中之重，初步确定了老年宜居社区的评定标准并且在城市范围内开展试点研究，取得了一定的实效，并在 2011 年陆续提出并发布了关于老年友好型城市、老年宜居社区、老年温馨家庭的具体建设指南。2016 年，全国老龄办等 25 个部委联合制定了《关于推进老年宜居环境建设的指导意见》，这是我国发布的关于建设老年宜居环境的第一份指导性文件，规划了适老化居住环境、适老化出行环境、适老化健康支持环境、适老化生活服务环境、敬老社会文化环境等五大老年宜居环境建设板块，17 个子项重点建设任务，并提出了安全性、可访问性、完整性、便利性和包容性的要求（石雷，2016）。2018 年，中国建筑装饰协会适老产业委员会主办的《中国适老环境评价标准》首次编制工作暨编委会成立会议在北京召开，标准的顺利出台将极大地推进我国适老化环境评价体系的建设（中国建筑装饰装修杂志编辑部，2018）。

在此基础上，国内学者还开展了各个领域和老年宜居环境有关的研究，侧重于研究老年人的宜居空间设计和为老年人提供宜居环境。2011 年，清华大学周燕珉教授等编著的《老年住宅》，内容包括老年人人体尺度和生活环境需求、无障碍设计、设备门窗通用设计、住宅各功能空间设计、住宅家具布置要点、住宅套房设计、住宅室内装修设计等方面，为以后的老年住宅设计提供了参考（周燕珉等，2011）。聂梅生等编著的《中国绿色养老住区联合评估认定体系》，指出老年社区绿色低碳技术评估包括住区规划与住宅环境、能源和环境、室内环境质量、住区水环境、材料与资源、运行管理和住区减碳量评价 7 个方面（聂梅生等，2011）。2014 年，全国老龄办和住建部主编《绿色适老住区建设指南》，确定住区适老化评价指标包括适老化设计、无障碍设计以及信息与智能化系统等（全国老龄工作委员会办公室、住宅和城乡建设部住宅产业化促进中心，2014）。

当前，我国一直关注老年宜居环境的研究，政府部门陆续颁布法律法规、标准规范，一些学者尝试构建了老年宜居城市、宜居社区、适老性居家环境的评价指标体系，但大多是从住宅的改造出发，关注适老性改造规划设计和服务体系的营建、老年人居住需求与改造的关系以及改造措施等方面，老年人群体最关注的人文关怀和社区内的人际交往被忽视，并且针对适老化环境的评价体系无统一的标准。

（二）国内适老化环境评价体系的指标层次

国内学者通过研究分析国内外现有的适老化相关理论及标准规范，尝试从各个角度构建适老化环境评价体系，并对评价指标分层分级，以期为建设适合老年人生活的环境提供科学的参考。

安浩元的《城市社区住宅适老性评价体系》，基于层次分析法以及城市社区住宅的适老性特征，建立了相应的四级指标体系。其中，目标层指标为城市社区住宅适老性评价体系，准则层指标为住宅通用设计、套型空间设计、装饰装修设计，下设通行无障碍设计、设备系统通用设计、门窗共通设计、套内各空间设计、套型组合设计、室内装修设计、建筑造型设计 7 个子准则层，指标层指标 34 个（安浩元，2012）。

梅大伟、张洪波的《基于层次分析法的养老社区适老环境评价》，将评价等级分成 4 层：最高层次为目标层面，即养老社区的适老环境评价指标体系，这是分析层次要达到的最终目标；第二个层面是老年人社区的主要影响因素，如舒适、便利、经济和交通；第三个层面是子准则层，包括气候舒适度、环境舒适度、养老服务环境、公共服务设施、公共空间环境、信息与智能化系统、道路环境、生活成本、经济机会共 9 个三级指标；最后一层为指标层，共包括 28 个评价指标（梅大伟、张洪波，2017）。

胡庭浩等的《老年友好型城市建设评价体系探析》，将老年友好型城市建设评价体系分为两大建设路径：实体建设体系和主观建设体系。实体建设体系的领域包括城市公共环境、老年公共活动空间、公共建筑、老年公共服务设施、养老服务设施、老年交通设施、老年社区建设 7 大方面；主观建设体系包括经济社会发展、城市安全、社会保障、社会参与、尊重与社会包容、老年人的自我提升、敬老意识与敬老宣传七大主题（胡庭浩、沈山，2014）。

从列举的文献中可以看出，研究者从家庭住宅、社区、城市的角度都试图构建适老化环境评价体系，并且层级指标评价内容既包括物理环境指标体系，也包括精神层面指标体系，但精神层面在实际操作中往往难以量化实施，且易被忽视。

五　构建我国适老化环境评价体系的建议

通过国内外学者对适老化环境评价体系的相关研究可以看出，适老化是现在和今后的一个研究热点。笔者在阅读大量相关文献的基础上，结合当前的研究现状与时代发展，提出构建我国适老化环境评价体系的几点建议。

（一）构建分层分级的适老化环境评价体系

适老化环境是一个庞大且复杂的系统，自然环境、社会环境、经济环境等都属于非定量因素，在评价过程中难免会带有主观性，无法做到精确判断和准确评估。将这个系统分解量化，明确环境的各个组成部分及其相互关系，实现适老化环境评价体系分层分级，能够细化各个环境要素，能够将复杂的问题简单化，能够确保各评估要素的完整性、多元性、可用性、真实性、客观性和可控性，能够确保动态评估与及时处置。同时分层分级评估需要遵循物质层面与精神层面共同完善、客观指标和主观评价相互结合、硬环境建设与软环境建设同步发展的原则，并且随着时间的改变，指标层次应该随着需求而发生变化。总之，层级递进的指标评价体系有利于适老化环境建设的深入推进，有利于使研究结果更加科学化。

（二）构建差别化的适老化环境评价体系

在一个积极应对老龄化问题已成为老年领域和政策研究的首要任务的时代，面对层出不穷的养老问题和不断释放的养老需求，多样化的养老模式也相应地产生了，以综合提高老年人的养老福祉。在老年生命历程的不同阶段，老年人对住房等物理环境和对社会互动等社会环境有不同的需求，而且不同年龄层次、不同身体健康水平、不同经济收入状况、不同受教育水平的老年人对养老环境的需求具有明显的差异，因此成功的适老化环境建设需要老年人的不同需求得到充分而有效的满足。所以，有必要在构建适老化环境评价体系的同时，了解各个城市之间的差异、各个社区及各个家庭之间的差别及其对老年人健康的影响，结合生理、心理、经济及教育等影响因素，研究不同情况下老年人对养老环境的需求差异，为构建差别化的适老化环境评价指标提供指导。

（三）构建乡镇及农村地区的适老化环境评价体系

国外的适老化环境评价研究工作发展较早，已经初步形成了系统的体系，而当前我国开展的多数研究都以国家或城市为主要对象，在城市原先的基础上更新适老化设计，但以城市作为研究单位所得出的结论有其局限性，不能反映我国适老化环境建设的整体需求，因此还需要深入乡镇、农村不同区域更小层面、更多层次的研究，推动乡村老龄化事业的进步；尤其面对城市老龄化和乡村空心化的困境，应当将乡镇、农村适老化建设作为重点任务，理论结合实际，应用当代不断完善的新型科学技术手段，发挥其独特的资源、功能与价值，挖掘其适老化空间的再生潜力，为老年友好环境建设注入新的活力。所以未来在以城市为研究对象构建适老化环境评价体系的经验下，乡镇、农村将成为重要的研究空间。

六　结语

对老年环境的关注可以被视为老年人口增长的自然产物。大多数的人知道我们生活在一个老龄化的社会中，但是老龄化带来的影响往往被狭隘地限定在专家、福利、健康或基于社会关怀的角度内。所以，考虑老年人在更广泛的"日常"环境中的体验是很不寻常的，例如，公共交通的使用，商店、便利设施和休闲空间的使用，他们对安全、邻里和环境的感知以及聚集、社交和参与的愿望等，正视他们在社会中的角色、地位和作用，满足他们的日常生活需求，才有利于提升老年人晚年生活的幸福感。

近年来，随着个案管理和社区实践的不断扩大，社会工作领域对老年人的重视有了巨大的增长。从社区实践的角度来看，社区是由心理健康和社会服务等子系统组成的系统，参与社区实践的社会工作者有助于确保这些系统对服务对象有效（Hardcastle et al.，1997）。一些社区特征，如交通、住房和卫生保健的便利性，以及社区参与的安全性和交往性，已经从研究中显现出来，对老年人在社区中的老龄化应对能力至关重要，社会工作者在为这种社区特征的实现努力方面处于独特的地位，因为他们有特殊的专业价值理念和方法，并且熟悉社区的需求和资源，可与各种组织建立新的关系，从而为社区的未来做好准备，社会工作者的参与可以使社区更为友好。更为重要的是，社会工作者可以鼓励和帮助他们的服务对象为自己的需求而努力，坚持以人为本，并为社区评估和规划过程提供直接的投入。

希望本研究能够为未来构建适老化环境评价体系提供一定的参考，促进适老化环境的标准化研究，促进评价指标内容的深入和体系的完整，这样既有利于加强适老化环境的综合评估和明确社会工作的介入方向，也有利于营造一个更加安全便利、和谐友善的适老化环境，促进积极老龄化和养老产业的发展。

参考文献

安浩元，2012，《城市社区住宅适老性评价体系研究》，硕士学位论文，天津大学。

陈小卉、杨红平、钟睿，2018，《居家养老模式下的居住区适老化建设思考——基于江苏省的实证》，《城市建筑》第 21 期。

戴靓华、周典、何静、徐怡珊，2018，《基于地域综合照护的社区适老化研究——以日本柏市丰四季台为例》，《建筑学报》第 S1 期。

戴俊骋、周尚意、赵宝华、刘昕，2011，《中国老年人宜居城市评价指标体系探讨》，《中国老年学杂志》第 20 期。

GB50437—2007，2007，《城镇老年人设施规划规范》，中国建筑工业出版社。

GB/T50340—2003，2003，《老年人居住建筑设计标准》，中国建筑工业出版社。

胡庭浩、沈山，2014，《老年友好型城市研究进展与建设实践》，《现代城市研究》第 9 期。

贾胜男，2014，《基于老年宜居社区的"适老性改造"政策支持研究——以上海市普陀区为例》，硕士学位论文，上海交通大学。

梅大伟、张洪波，2017，《基于层次分析法的养老社区适老环境评价》，《建筑节能》第 6 期。

聂梅生、阎青春、Paul A. Gordon，2011，《中国绿色养老住区联合评估认定体系》，中国建筑工业出版社。

全国老龄工作委员会办公室、住宅和城乡建设部住宅产业化促进中心，2014，《绿色适老住区建设指南》，中国建筑工业出版社。

石雷，2016，《国家 25 部门共同制定指导性文件　关注老年人保障问题》，《劳动保障世界》第 31 期。

王红，2016，《基于 AHP 层次分析法的成都市养老型社区外部公共空间适老性研究》，硕士学位论文，西南交通大学。

谢波、魏伟、周婕，2015，《城市老龄化社区的居住空间环境评价及养老规划策略》，《规划师》第 11 期。

姚栋、徐蜀辰、李华，2017，《住宅适老化改造的目标与内容——国际经验与上海实践》，《城市建筑》第 14 期。

于一凡、贾淑颖，2017，《终生社区，终生住宅——英国城市的适老化建设路径》，《上海城市管理》第 5 期。

翟秀丽，2016，《天津市加快推动政府支持老年宜居社区建设研究》，《天津经济》第 8 期。

中国建筑装饰装修杂志编辑部，2018，《〈中国适老环境评价标准〉第一次编制工作会议召开》，《中国建筑装饰装修》第 10 期。

周燕珉，2008，《住宅精细化设计》，中国建筑工业出版社。

周燕珉、程晓青、林菊英、林婧怡，2011，《老年住宅》，中国建筑工业出版社。

Age Friendly London Task Force. 2013. *Age Friendly London*：*A Three Year Action Plan.* London：Age Friendly London Task Force.

Finkelstein，R.，Garcia，A.，Netherland J.，Walker J. 2008. *Toward an Age-friendly New York City*：*A Findings Report*，New York：The New York Academy of Medicine.

Habinteg Housing Association. 2011. *Lifetime Homes Design Guide.* UK：ISH BRE Press.

Hardcastle，David A.，Stanley Wenocur，Patricia R. Powers. 1997. *Community Practice*：*Theories and Skills for Social Workers.* New York：Oxford University Press.

Harding. E. D. 2007. *Towards Lifetime Neighbourhoods* ：*Designing Sustainable Communities for All.* London：Department for Communities and Local Government.

Jeste，Dilip V.，Dan G. Blazer II，Kathleen C. Buckwalter，Keri-Leigh K. Cassidy，Len Fishman，Lisa P. Gwyther，Saul M. Levin，Christopher Phillipson，Ramesh R. Rao，Ellen Schmeding，William A. Vega，Julie A. Avanzino，Danielle K. Glorioso，John Feather. 2016. "Age-friendly Communities Initiative：Public Health Approach to Promoting Successful Aging," *The American Journal of Geriatric Psychiatry* 7：1 – 27.

Kano，Megumi Paul E. Rosenberg，Sean D. Dalton. 2018. "A Global Pilot Study of Age-Friendly City Indicators," *Social Indicators Research* 138：1205 – 1227.

Kerbler，Boštjan，Richard Sendi，Maša Filipovič Hrast. 2017. "The Relationship of the Elderly Toward their Home and Living Environment," *Urbani izzi* 28：96 – 109.

Kihl, Mary Dean Brennan, Neha Gabhawala, Jacqueline List, Parul Mittal. 2005. *Livable Community*: *an Evaluation Guide*. AARP Public Policy Institute.

Lui, Chi-Wai, Jo-Anne Everingham, Jeni Warburton, Michael Cuthill, Helen Bartlett. 2009. "What Makes a Community Age-friendly: A Review of International Literature," *Australasian Journal on Ageing* 28: 116 – 121.

Lynott, Jana Rodney Harrell, Shannon Guzman, Brad Gudzinas. 2018. *The Livability Index 2018*: *Transforming Communities for All Ages.* AARP Public Policy Institute.

Orpana, H. M. Chawla, E. Gallagher, E. Escaravage. 2016. "Developing Indicators for Evaluation of Age-friendly Communities in Canada: Process and Results," *Health Promotion and Chronic Disease Prevention in Canada*: *Research*, *Policy and Practice* 10: 214 – 223.

Wagner, Shannon L. , Mamdouh M. , Shubair, Alex C. , Michalos. 2010. "Surveying Older Adults' Opinions on Housing: Recommendations for Policy," *Social Indicators Research* 3: 405 – 412.

World Health Organization. 2007. Global Age-Friendly Cities: A guide. Geneva: World Health Organization.

World Health Organization. 2015. *Measuring the Age-friendliness of Cities*: *a Guide to Using Core Indicators.* Geneva: WHO Press.

Xie, Lili. 2018. "Age-friendly Communities and Life Satisfaction Among the Elderly in Urban China," *Research on Aging* 10: 1 – 23.

Yan, Bingqiu, Xiaolu Gao, Michael Lyon. 2014. "Modeling Satisfaction Amongst the Elderly in Different Chinese Urban Neighborhoods. " *Social Science & Medicine* 118: 127 – 134.

Yeo, Meeyoung & Heshmati, Almas. 2014. "Healthy Residential Environments for the Elderly," *Journal of Housing For the Elderly* 28: 1 – 20.

《都市社会工作研究》稿约

为推进都市社会工作研究和实务的发展，加强高校、实务机构和相关政府部门的专业合作，上海大学社会学院社会工作系与出版机构决定合作出版《都市社会工作研究》辑刊，特此向全国相关的专业界人士征集稿件。

一　出版宗旨

1. 促进都市社会工作研究的发展。社会工作系希望通过本辑刊的交流和探讨，介绍与阐释国外都市社会工作理论、方法和最新研究成果，深入分析国内社会工作各个领域里的问题和现象，探索中国社会工作发展的基本路径，繁荣社会工作领域内的学术氛围，推动社会工作的进一步发展。

2. 加强与国内社会工作教育界的交流。社会工作系希望通过出版辑刊，强化与国内社会工作教育界交流网络的建立，共同探讨都市社会工作领域的各类问题，共同推动中国社会工作的教育和专业人才培养的深入开展。

3. 推动与相关政府部门的合作。社会工作系希望通过辑刊出版之契机，携手相关政府部门共同研究新现象、新问题、新经验，并期冀合作研究成果对完善政策和制定新政策有所裨益。

4. 强化与实务部门的紧密联系。社会工作系希望通过辑刊出版，进一步加强与医院、学校、工会、妇联、共青团、社区管理部门、司法部门、老龄与青少年工作部门，以及各类社会组织的密切联系与合作，通过共同探讨和研究，深入推动中国社会工作实务的开展。

5. 积累和传播本土社会工作知识。社会工作系希望通过出版辑刊，能够更好地总结中国社会工作理论与实务的经验，提炼本土的社会工作专业服务模式，从而推动社会工作专业的健康发展。

二　来稿要求

1. 稿件范围。本辑刊设有：医务与精神健康社会工作、老年社会工作、儿童与青少年社会工作、城市社区社会工作、城市家庭和妇女社会工作、学校社会工作、社区矫正、社区康复、社会组织发展、社会政策分析及国外都市社会工作研究前沿等栏目，凡涉及上述领域的专题讨论、学者论坛、理论和实务研究、社会调查、研究报告、案例分析、研究述评、学术动态综述，等等，均欢迎不吝赐稿。

2. 具体事项规定。来稿均为原创，凡已经公开发表的文章不予受理。篇幅一般以 8000～10000 字为宜，重要的可达 20000 字。稿件发表，一律不收取任何费用。来稿以质选稿，择优录用。来稿请邮电子或邮纸质的文本。来稿一般不予退稿，请作者自留稿件副本。

3. 本辑刊权利。本辑刊有修改删节文章的权力，凡投本刊者被视为认同这一规则。不同意删改者，请务必在文中声明。文章一经发表，著作权属于作者本人，版权即为本辑刊所有，欢迎以各种形式转载、译介和引用，但必须遵照《中华人民共和国著作权法》及有关国际法规。

4. 来稿文献引证规范。来稿论述（叙述）符合专业规范，行文遵循国际公认的学术规范。引用他人成说均采用夹注加以注明，即引文后加括号说明作者、出版年份及页码。引文详细出处作为参考文献列于文尾，格式为：作者、出版年份、书名（或文章名）、译者、出版地点、出版单位（或期刊名或报纸名）。参考文献按作者姓氏的第一个拼音字母依 A—Z 顺序分中、英文两部分排列。英文书名（或期刊名或报纸名）用斜体。作者本人的注释均采用当页脚注，用①②③④⑤……标明。稿件正文标题下分别是作者、摘要、关键词、作者简介。作者应将标题、作者名和关键词译成英文，同时提供 150 词左右的英文摘要。文稿正文层次最多为 5 级，其序号可采用一、（一）、1、（1）、1），不宜用①。来稿需在文末标注作者的工作单位全称、详细通信地址、联系电话、邮政编码，并对作者简要介绍，包括姓名、职称、学位、研究方向等。

图书在版编目（CIP）数据

都市社会工作研究. 第7辑／张文宏主编. -- 北京：
社会科学文献出版社，2020.3
ISBN 978 - 7 - 5201 - 6213 - 5

Ⅰ.①都… Ⅱ.①张… Ⅲ.①城市 - 社会工作 - 研究
- 中国 Ⅳ.①D632

中国版本图书馆 CIP 数据核字（2020）第 029854 号

都市社会工作研究 第 7 辑

主 编／张文宏
执行主编／范明林 杨铿

出 版 人／谢寿光
责任编辑／胡庆英
文稿编辑／张德义

出 版／社会科学文献出版社·群学出版分社 （010）59366453
　　　　　地址：北京市北三环中路甲29号院华龙大厦 邮编：100029
　　　　　网址：www. ssap. com. cn
发 行／市场营销中心（010）59367081 59367083
印 装／三河市尚艺印装有限公司

规 格／开 本：787mm × 1092mm 1/16
　　　　　印 张：9.25 字 数：158 千字
版 次／2020 年 3 月第 1 版 2020 年 3 月第 1 次印刷
书 号／ISBN 978 - 7 - 5201 - 6213 - 5
定 价／79.00 元

本书如有印装质量问题，请与读者服务中心（010 - 59367028）联系

▲ 版权所有 翻印必究